U0678242

[英] 约翰·阿代尔————著
（John Adair）

谢 天————译

# 高效创新

## 保持竞争优势的必备指南

浙江人民出版社

First published 2015 by Macmillan an imprint of Pan Macmillan, a division of Macmillan Publishers International Limited

浙江省版权局
著作权合同登记章
图字：11-2020-064

**图书在版编目（CIP）数据**

高效创新 ：保持竞争优势的必备指南 ／（英）约翰·阿代尔著 ；谢天译. — 杭州 ：浙江人民出版社，2024.7

书名原文：EFFECTIVE INNOVATION

ISBN 978-7-213-11394-9

Ⅰ. ①高… Ⅱ. ①约… ②谢… Ⅲ. ①企业管理–通俗读物 Ⅳ. ①F272-49

中国国家版本馆 CIP 数据核字（2024）第 057929 号

## 高效创新　保持竞争优势的必备指南

Gaoxiao Chuangxin: Baochi Jingzheng Youshi De Bibei Zhinan

［英］约翰·阿代尔　著　谢　天　译

出版发行：浙江人民出版社（杭州市环城北路177号　邮编　310006）

市场部电话：(0571)85061682　85176516

责任编辑：尚　婧

营销编辑：顾　颖　杨　悦

责任校对：汪景芬

责任印务：幸天骄

封面设计：厉　琳

电脑制版：杭州兴邦电子印务有限公司

印　　刷：杭州富春印务有限公司

开　　本：880毫米×1230毫米　1/32　　印　张：7.625

字　　数：138千字　　　　　　　　　插　页：2

版　　次：2024年7月第1版　　　　　印　次：2024年7月第1次印刷

书　　号：ISBN 978-7-213-11394-9

定　　价：58.00元

如发现印装质量问题，影响阅读，请与市场部联系调换。

约翰·阿代尔
John Adair

# 国际公认的领导学权威

约翰·阿代尔是世界上关于领导力和领导力发展的领军权威之一，被誉为"欧洲的彼得·德鲁克"。

约翰为巴克莱银行、劳埃德 TSB 银行、英美烟草公司、杜邦公司、英国皇家空军、英国奥林匹克委员会等机构提供管理咨询服务，他是许多企业、政府部门、非政府组织的管理顾问。全球超过100万名经理人参与了他倡导的以行动为主的领导模式（Action-Centred Leadership）项目，他的理念和方法启发和激励了整整一代的管理者。

约翰出版过50多部著作，其中包括畅销书《不是老板而是领导者》（*Not Bosses But Leaders*）、《约翰·阿代尔领导力词典》（*The John Adair Lexicon of Leadership*）、《鼓舞人心的领导》（*The Inspirational Leader*）、《如何培养领导者》（*How to Grow Leaders*）以及 EFFECTIVE 系列等。

不愿采用新的补救办法，必然会招致新的弊病：

因为时间是最伟大的创新者。

——弗朗西斯·培根

# 目录

CONTENTS

# 前言

欢迎大家阅读新版《高效创新：保持竞争优势的必备指南》。本书经过了全面修订，书中的实用理念以及准则、模型和框架都已得到时间的验证。因此，我很高兴在此与各位分享。

我想，作为个体，我们都应该成为（或准备成为）自己生命中的创新者。但本书关注的重点是组织团队、运营或战略等各个层面的领导者。

在之前的一本书中，我曾经写道："变革需要领导者，领导者引发变革。"领导力指的是带领其他人与你一道踏上旅途，换句话说就是"开展变革"，这终将为你们带来新的创意和处事方式。对此，你准备好了吗？

对创新的永无止境的需求会令人生畏，如果你也有这种感觉，我可以理解。但是要记住，你不必亲自提出所有想法或参与所有工作。整个团队或组织都应发挥创造力，只不过你总会发现，有些人比其他人更具创造力——现实就是这样。

　　高效团队会完善或开发新的产品和服务，从而将创意商业化。打造这样一支拥有丰富的知识、才华和技能的团队需要你发挥高效领导力。

　　好消息是，本书将指导你培养创造力，并与团队一起利用它来争取一切必要的创新成果。通过案例研究，我们看到了先例。现在轮到你了。祝你好运。

约翰·阿戴尔

# 概
## 述

"人类大脑真是神奇。"几十年前一位管理者说,"你一醒来,它就开始工作;等你到了办公室,它却停下来了。"如今的情况完全相反。

最近,人们对于工作的理解经历了巨大转变。过去雇主只利用员工的体能而非头脑,但那个时代已经一去不复返了。如今,职业成就和雇员的长期竞争力,在很大程度上取决于他们的智力贡献。现在多数人都成为"知识劳动者"。如果大脑在我们到达办公室后(以及接下来的一整天)停止工作,我们的职业前景就会受到制约!

创意思维(即获得新的创意)逐渐成为重要的工作内容。但创新不仅限于个人的创造力。它是将新的创意转化为客户满意度的过程。它出现在任何一家企业的所有发展阶段,可能还需要整个团队参与进来。因此,创新必须成为企业战略的重要内容。

高效的创新包含三个互相交叠的维度，你可以把它想象成一个贝壳：

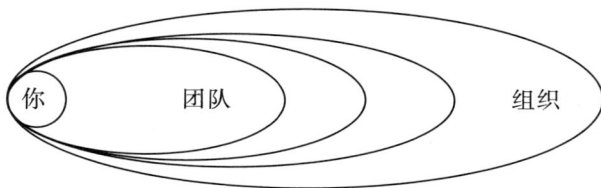

这里的"你"是指"个人"。本书始终将你和你的技能放在第一位。为什么？因为创意就像是组织贝壳中的砂砾，最终会形成洁白闪耀的珍珠。组织不具备创意，团队也没有——只有个人才有。因此，"你"处于首要位置。

但是推销创意是团队的任务，个人无法完成。创新需要团队。注意，贝壳上的"团队"一项占据多层，因为个人可能属于多个团队，例如核心部门，或者职能团队、项目组、质量研讨小组、行政管理团队和董事会等。

你所服务的组织涵盖"你"和你所处的"团队"，但组织并非各个部分之和。它有自己的生命。我在《高效领导：成功领导的行动指南》一书中提到，所有组织都存在团体人格，具有三个相互交叠的需求领域：

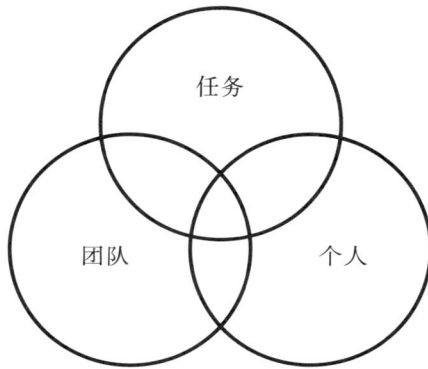

团队人格也就是我们常说的"文化"，它对于创新至关重要。有些组织文化鼓励创新，而有些则阻碍创新。如果上级组织的环境排斥创意，那么即使个人或者负责解决问题的团队具有创造力也无济于事。本书将介绍贝壳图中的所有三个维度。

本书的目的很简单，就是帮助你成为更加高效的创新者。显然，我无法帮你完成——你必须学会亲自创新。但这不是什么坏事。温斯顿·丘吉尔曾经对一位朋友说："我不排斥学习，但我讨厌被人指点。"

假设你想要产生新的创意并在市场上推广；你的组织正处于变革的阵痛期；或者你是创业者，你的企业需要新鲜的想法和创新的运营方式。不管怎样，创意思维和创新能力对你都非常重要。

根据本书内容，你如果想成为高效的创新者，要关注三个具体的需求领域。在此基础上，我将本书分成了三个部分，各部分对应一个需求领域。

如何成为高效的创新者？

◎ **你需要一个概念框架，了解思维在发挥创意时如何运转。** 第一部分介绍具体的概念和一些背景条件，并提出了一种思维运转模式。

◎ **你需要培养相关技能，成为有创意或创新能力的思考者。** 第二部分介绍成功的创造性思考者拥有的七种习惯，以及如何将它们变为你的思维习惯。每种习惯各对应一个章节。

◎ **你需要培养管理创新的能力。** 第三部分介绍你如何帮助团队获得创意，通过哪些途径打造创新组织，以及如何在市场上推广创意。

## ■ 如何使用本书

本书不需要按照章节顺序从头读到尾，你可以根据自己的喜好跳着读。各章相对独立，方便你在有时间的时候阅读。你可以将每一章想象成车轮的轮辐，而不是台阶，所以不必循序渐进地品读其中的内容。

与丛书中的其他作品一样，你一定要了解这本书的学习流程。除非你主动将本书中的一般原则与真实生活经验联系起来，否则你将无法理解创造力和创新。记住，本书的学习要基于以下互动关系：

原则
或　　　　　以及　　　　　体验
理论　　　　　　　　　　　或
　　　　　　　　　　　实践

学习是理论与现实之间擦出的火花，所以两者缺一不可。本书中的案例研究和例证可以作为敲门砖：

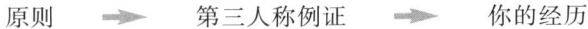

原则　➡　第三人称例证　➡　你的经历

这个过程反过来也应当成立。你需要将对于他人的创意思维或创新的观察，以及你自身的实际经验以建设性批判的方式加以应用。

很多章节后面附有任务清单，方便你将书中的论点与自己面临的实际需求、问题和机遇进行对照。你投入越多的时间和精力思考其中的问题，这本书对你的作用就越大。

## ■ 补充内容

在本书中，我以文本框的形式提供了一些补充内容，目的在于激发深度思考。如果你回过头重新阅读本书，可以将文本框内容作为练习材料。

最后，本书不是教材，它更像是一本实用指南。我希望你从中获得灵感、乐趣和启发。书中还有一些智力游戏和练习题，可以增加阅读的趣味性。

投入一定的时间和精力研读本书后，你将：

◎ 加深对创意过程的理解。

◎ 克服创意过程中的障碍。

◎ 扩展眼界。

◎ 学会使用和批判创意。

◎ 提升对不确定性与质疑的容忍度。

◎ 用创造性的态度听、看、读。

◎ 花一点时间思考。

◎ 对自己的创造力更有信心。

◎ 成为更加高效的领导者或创新团队成员。

◎ 学会管理组织内部的创新。

# 有目的地思考

"创造力"和"创新"这两个概念在很大程度上存在重叠，但两者并不相同。它们之间的共同点在于想法的新颖。"创意"是指新的想法，至少对于拥有它的人来说是这样。它或许涉及一种协同行为，也就是将两个或两个以上截然不同的想法或事物关联起来。

你的大脑中并不存在一个贴上了"创意思维空间"标签的盒子。整个大脑都会参与到创意思维和创新活动中。或许某一部分在特定阶段发挥作用，但任何思维——包括创意思维——都需要整个大脑的参与。

读完第一部分以后，你将：

◉ 理解相关概念以及一些当代流行的创造力理论，如"横向思维"。

◉ 绘制一份简单而全面的草图，了解思维在有目的地思考时如何运转。

◉ 对于你最有可能提升创造力和创新能力的领域或活动有一定的了解。

◉ 了解创意思维的核心悖论：它在很大程度上是一种个人行为，本质上又具有高度的社会性。你不能独自一人长期思考。

# 01

# 创造力和创新

从前有一位身份显赫的人，在参观过福特汽车工厂后带着满心的惊叹和仰慕来到了亨利·福特（Henry Ford）面前。"福特先生，我感到非常不可思议，"他对这位工厂主说，"25年前白手起家的人居然能取得如此大的成就。"

"你说我是白手起家，"福特回应道，"这是不准确的。每个人起步时条件已经成熟。一切都准备好了——所有精神和物质基础都在那里。"

天地之间包罗万象，包括基本的元素和构成某些物质的要件。人类无法凭空造物。如果你狭隘地认为创造力是像托马斯·阿奎纳（Thomas Aquinas）那样，"在不使用任何材料的前提下创造出一件东西"，那么显然"只有上帝可以创造——人类则负责重构"。

## ▪ 什么是真正的创造力？

很显然，我们不能像上帝一样凭空造物。但是有一些人将创造力的概念局限在与这种超自然能力非常接近的"创造的艺术"上。他们狭隘地认为"创造性"产品与生产这些产品的原材料毫无关系。

鲁本斯（Rubens）有一幅名画仅仅是调色板上的蓝、红、黄、绿等颜料混合的产物。如今，类似的创意工作所需的物质原料——画家的颜料和画布，以及作家的纸和笔，完全成了辅助手段。创意更多在于思想。感悟、想法和感觉同时体现在一个概念或设想中。当然，艺术家、作家或作曲家都需要通过技术和方法将脑中的想法落实到画布或纸张上。人们往往认为是上帝或其他人的精神和才华给艺术家提供了灵感，帮助他们超越传统的束缚，创造出真实或有美感的作品。

另一方面，人们对创造力这一概念的理解又过于宽泛，几乎空洞。举个例子，你或许认为某个想法是创意，因为它对你来说是新的。但如果这是唯一的标准，它就处于阶梯的最底层。

英国谢菲尔德一家老牌餐具公司——斯宾塞餐刀公司出现了经营困难。总经理亨利·帕克（Henry Parker）有天早上走进办公室，叫来了所有高管。"昨天我在泡澡时认真思考，"他说，"想出了一个好主意。"大家顿时来了兴致。"我们必须问问消费者为什么不像之前那样愿意购买我们的产品了。"办公室里一片寂静，所有人都惊呆了。会后，高管们纷纷走出他的办公室，销售主管对身边的人说："什么好主意！我们都说了两年了！"

有一个对你来说很新的想法，这个方向是对的。但你还要思考下面的问题：它对别人来说够不够新？是否已经被商业化？

实际上，现在几乎不会有真正新鲜的想法。"智人"（homo sapiens）在地球上生存了很久，你能想到的所有东西早已有人想到或发明出来了。

■ 你知道吗……?

◎ 所罗门圣殿上方有避雷针。

◎ 尼禄大帝（Emperor Nero）曾经设计出一台老虎机。

◎ 还有一位罗马皇帝在自己的宫殿内安装了三台"电梯"（升降机）。

◎ 印度人利用牛痘病毒比爱德华·詹纳（Edward Jenner）早好几个世纪。

◎ 收割机在16世纪被称为"法国的破烂发明"。

◎ 在耶稣诞生之前1000年，中国人曾经从活体蟾蜍身上提取洋地黄治疗心脏病，他们还记录下人体无法感知的地震，并发明了指南针。

《传道书》（Ecclesiastes）中写道："太阳底下无新事。"你应该明白这个意思。

但一些创意的出现可能为时过早。举个例子，恺撒家族可能安装过几部"电梯"，但从当时的技术水平看，"电梯"仍然无法普及。莱昂纳多·达·芬奇曾经画出直升机和潜水艇的草图，但相关制造技术并不存在。

因此，原创性本身是不够的。更重要的是，创意应该在你所处的形势或环境中相对新颖和可行。例如，对你来说想通过发明直升机大赚一笔已经来不及了，正如这对于达·芬奇来说为时过早一样，因为想法和技术都已经不新颖了。

注意，每当技术浪潮突飞猛进——例如互联网的发明带来的飞跃——人类历史上的大量新"旧"创意会突然具备可行性。

## ■ 一些定义

为什么人们会认为某个事物是新的？如果对它感到熟悉，他们自然不会有这种想法。我们由此可以了解到创新的一些特征。以下问题可以判断人们对某个想法或概念、产品或服务的新颖性的了解程度：

◎ 它是最近才出现的吗？

◎ 它是否不久前才完成制作或投入使用？

◎ 它是否新鲜出炉且未得到使用？

◎ 它与现存的相似的东西有何差别？

◎ 它的质量是否过关？

◎ 它是否刚刚被发明、创造或开发出来？

现在你会发现，"新颖"与"原创"不同。严格来说，后者仅指同一类别中独一无二的东西。由于知识有限，我们很难判断出真正的原创性，但是通过研究或探索总能发现之前有人提出过同样的想法。或者说，新鲜的事物也不一定具备"新颖性"所传达的"陌生"和"前所未有"的含义。

你可以将成功的创新比作一部戏剧或电影的制作过程，不同类型的人会参与进来，例如导演、制作人、作家和编剧等。成功的创新需要以下至少一类人参与：

## 创新的主要参与者

| 身　份 | 备　注 |
| --- | --- |
| 创造性思考者 | 有产生创意（尤其是从未有人想到过的创意）的能力或素质 |
| 创新者 | 能够将新的产品或服务投放市场。也可以对既有产品或服务进行完善 |
| 发明家 | 能够产生新的、具有潜在商业价值的想法。通常兼具创造性思考者和创新者的素质 |
| 企业家 | 能够产生或接纳创意，并将其商业化。通常利用OPB（other people's brains，其他人的头脑）和OPM（other people's money，其他人的资金）探索市场机遇 |
| 内部企业家 | "内部企业家在任何类型的组织中负责创新工作。他可以是创造者或发明者，但他始终是梦想家，知道如何将创意转化为利润。"——吉福德·平肖（Gifford Pinchot），《内部企业家：为何能够留在公司内创业》（*Why, You Don't Have to Leave the Corporation to Become an Entrepreneur*） |
| 拥护者 | 选择一个（不一定是他/她自己的）创意并实施。全心投入，确保创意平稳进行并成功实现 |
| 赞助者 | 给予一个创意应有的支持。通常是对创意抱有信念并能够影响关键人员的高管，能够克服创意实现的过程中遇到的障碍 |

## ■ 案例研究：谷歌

是什么让谷歌成为史上成长最快的企业之一？这还要从斯坦福大学两名极具创意的电脑迷——拉里·佩奇（Larry Page）和谢尔盖·布林（Sergey Brin）的故事讲起。针对令所有互联网用户感到困惑的问题——如何根据重要程度找到最符合我的要求的网页？两人给出了令人信服的答案。

答案的核心是两人开发的一个叫作"网页排名"（PageRank）的程序，可根据某一网页关联的其他网页数量标示其重要性。但他们用于给网站相关性"评分"的公式也参考了其他标准，包括：关键词在某个网页上出现的频率，以及网站的主页标签是否出现在网页顶部等。1998年，两名思想前卫的合伙人在车库里创建了公司，他们本想以数字 $10^{100}$（googol，古戈尔）注册公司名称，却拼错了单词。公司的使命是"将全世界的信息组织起来，为每个人所用"。

谷歌的商业战略也非常有新意。它从未花钱做过广告：网站好用且免费，完全依靠口碑来推广。同时，佩奇和布林通过一种非常简单的手段——页面右侧的"赞助商链接"赚得盆满钵满。每当你点击上面的"关键词广告"（AdWords），就会跳转到为这些"关键词"的"所有权"竞价的公司页面，公司按照点击次数向谷歌付费。这些小型广告的利润非常高：谷歌在六个月之内通过它们赚到了26亿美元。

与所有公司一样，谷歌的未来依赖于创造力和创新。谷歌将这两点融入了公司的经营理念中：给员工提供高薪酬和自由的环境，但员工要将20%的时间用于自己擅长的项目。因此，"谷歌新闻"（Google News，可以搜索各地区报纸的全球新闻引擎）、Froogle（现在成了谷歌的产品检索和价格对比网站）、"谷歌聊天"（Google Talk，一种利用互联网免费打电话的方式）和"谷歌图书搜索"（Google Book Search，一种提供全球图书全文普遍获取的计划）等产品逐渐发展起来。

## ■ 案例研究：爱德华·德·波诺

爱德华·德·波诺（Edward de Bono）是高效创新者的典范，他曾在《水平思考法》（*The Use of Lateral Thinking*）一书中提出了"横向思维"的概念。他的成就在于给"创意思维"这个旧的概念取了个新名字、披上了新外衣，作为一个新的概念重新提出来。

1933年，爱德华·德·波诺在马耳他出生。他曾作为罗德氏学者到牛津大学进修，获得了医药学、心理学和生理学学位，随后留在大学任教，先后发表了40多部作品。他形容自己为"善于思考的思想家"。我们从他的身上可以学到什么？

德·波诺最著名的作品是他的第一部著作。其中，他详细地介绍了逻辑（或纵向）思维与横向思维的区别：

> 逻辑是一种工具，可以用来挖更大、更深、更好的洞。但如果洞的位置挖错了，无论我们如何补救，也没办法纠正。所有挖洞的人都明白这个道理，可是在原地挖洞比换到新的地点重新挖要容易一些。纵向思维是将一个洞挖深，横向思维是换个地方重新开始。

逻辑思维或纵向思维是"一种信息结构直接向另一种转变"，这是一个循序渐进的过程。举个例子，在解答数学问题或者围绕一个逻辑前提展开辩论时，你运用的是纵向思维。每日推理大多是从信息链条中的一环转向（或者尝试转向）另一环。

相反，横向思维彻底放弃了循序渐进的思考方式。英文中的"横向"（lateral）一词来源于拉丁语的"laterus"，意为"一边"。所以横向思维指的是朝一边思考。在爱德华·德·波诺第一次提出来时，这个概念对于读者来说无疑是新鲜的，但它或许并不新颖。〔法国哲学家和思想家艾蒂

安·索里奥（Etienne Sourian）曾说："你若要发明，思维必须灵活。"〕

　　早些年我有一辆车，车身漏了个洞，水总会灌进来。我多次跑到修理厂，花了很多钱，还是没能解决问题。后来我在某堂课上认识了一位高管，他帮我检查了一下。"为什么不在车底钻个小洞，把水放出来呢？"他建议道。这是横向思维的一个很好的例子。我一直在思考如何不让水灌进来，但我突然发现，把水放出去也是一种办法。虽然这个方法治标不治本，但至少解决了我的燃眉之急。

　　这个故事告诉我们，横向思维就是鼓励你将问题重构，在这里就是反向思考。"如何防止水灌进来"变成了"如何将水排出去"。老话说得好："问题就是披着伪装的解决办法。"

　　亨利·福特对装配线的创新也是横向思维的一个例证。传统的汽车制造方法需要工人沿着静止的汽车生产线边走边劳作。但福特想：与其让人跟着车走，为什么不让车在人的面前动起来？这是个简单但有革新性的想法。

　　所以别再沿着一条行不通的路前进了。向旁边看一看，或许有另一条路——这就是横向思维法。先试试逻辑思维，如果没什么结果，就换成横向思维。

"横向思维"这个概念用途非常广，甚至被收入了《牛津英语大辞典》，其中给出的定义是"尝试以非传统或明显非传统的方法解决问题"。

从横向思维的基本含义来看，它是一种解决无法通过逻辑思维或理性思维解决的问题的方法。如果一切条件都具备，但需要将问题重构才能得到解决办法，横向思维就会非常有效。以军事做比喻，这相当于从侧翼或后方将问题包围，让它乖乖地缴械投降。

如果你长时间盯着一个清晰的焦点，会发现在它的周围有一个失焦的背景。爱德华·德·波诺的建议是，面临困境时，你应该转移注意力，从之前聚焦的领域转移到它周围的背景，这样才有可能找到解决方法。这要求我们转换看待焦点和背景的视角。

---

**佛像的启示**

横向思维的本质就是将注意力从焦点转向背景，从而找到解决问题的方法。

本田宗一郎（Soichiro Hondu）是一位擅长创意思维和创新的工程师。他在生产第一辆四缸摩托车时逐渐发现，虽然引擎没什么问题，但设计出来的摩托车外观

---

*EFFECTIVE INNOVATION*

又矮又丑。毫无办法的他决定到京都休一周假。有一天，他在一间古庙里打坐时，被一尊佛像的面部轮廓深深吸引了。他仿佛看到了佛像面部与他脑海中的摩托车车头之间的相似之处。

接下来的几天，本田跑到京都各地对其他佛像进行研究，最后回到工厂与设计师们一道绘制出了线条优美的摩托车草图，呈现出了他在京都所欣赏到的美。

德·波诺提出的"横向思维"是"创意思维"的演化版，用他自己的话说是"一种令自己满意的说法"，充分概括了他的观点。然而从上面的定义来看，"横向思维"与"创意思维"完全是两种不同的概念。"横向思维"是一种解决问题的方法或有效的思维习惯，而"创意思维"的范围要广泛得多。但两者之间存在一些交叠，"横向思维"可以帮助你摆脱固定思维，产生新的想法。

## 横向思维为何是有效创新？

横向思维需要在正确的时间"发布"，此外，它还有另外两个有助于"销往市场"的特点（记住，创新者不仅要有创意，还要有推销能力）——

◎ 它以"逆转"或"对比"为基础——人的眼和脑可以清楚地感知到这些：黑或白更容易引人注意。横向思维还是一种有效的教学手段。纵向思维与横向思维的差异属于同一类别。思考时进行的必要的过度简化可以在晚些时候纠正和调整。

◎ 它完全不会像创意思维那样令人生畏。不是只有著名的发明家才拥有横向思维，它更像是任何人都可以掌握的技能，例如打高尔夫。你不需要具备天生的横向思维——它就是一场游戏。"像打高尔夫一样，"德·波诺写道，"人们可以通过一般性的训练提高水平。"

在后来的多部作品中，爱德华·德·波诺大力宣传自己独创的横向思维概念，以及它能引发瞬间创造力的特点。他进一步扩大了这一概念的范围，将创意思维纳入，这样，横向思维的定义成了"产生创意和脱离传统思想"。

横向思维法（也就是将问题重构）在很多不同的领域都能带来收益。举个例子，在领导力的理解上，关键一步是将研究重点从领导者（以及他/她的性格特征或个人素质）转移到团队上。团队或组织需求存在三个重叠的领域（任务、团队和个人），而领导者需要通过必要的工作来满足这三个领域的需求，包括制订目标和规划，设立与维护组织标准，支持、鼓励和培养所有个人。在选人和培训方面，将关注点从领导者素质转移到领导者职能会有非常不错的效果。

培养创造力和创意同样要发挥横向思维，我们要将注意力从个人创造力的成因（与关于领导者素质的研究不同）转移到另一个完全不同的问题：是什么阻止人们产生创造力或创新能力？利用横向思维法将问题翻转过来，这样我们有机会看清楚（个人、团体和组织中存在的）诸多障碍。

注意一个隐含的假设：人天生具备创造力。正如我在概述部分所说，这一点是真是假我无从得知。但我深信，大多数人至少有能力为创新作一点贡献。工商业中有大量现象（尤其是总体质量的提升）可以支持这一观点。

因此，努力减少有悖于创造力或创新的负面或抑制性因素，这个策略或许最有效。你自己就是活生生的例子。你能在自己身上找出以下特点吗？

## 创意思维的障碍

| 负面情绪 | 只能看到问题的消极方面，将精力耗费在担忧的情绪上，不会在当前的形势下寻找潜在机遇 |
| --- | --- |
| 害怕失败 | 担心自己看起来很愚蠢或遭到嘲笑。但IBM创始人汤姆·沃森（Tom Watson）曾说过："快速取得成功的办法是将失败率提高一倍。"失败是成功的必要条件 |

（续表）

| | |
|---|---|
| **工作压力** | 没有时间思考创意。重压之下，人们通常无法客观地思考。无效压力会降低脑力活动的质量 |
| **墨守成规** | 一些规则是必要的，但另一些规则会导致思想懒散。遵循既定的信仰或思维模式——成规和束缚，会妨碍创造性突破 |
| **主观臆断** | 无法鉴别和审视自己提出的假设，以确保它们不排斥创意。尤其是很多下意识的假设会限制思考 |
| **过度依赖逻辑** | 将所有脑力用于（循序渐进的）逻辑或分析性思考会妨碍想象力、直觉、感受或幽默感 |

然而，创造力的最大障碍在于你认为自己不具备创造力。这种障碍往往源自学校的低质量教学，导致人们从一开始就放弃努力。实际上，这是我们强加于自身的一种限制或假设。无论你过去如何看待自己，从长远来看，这不过是一种毫无依据的臆想。

别忘了，创意思维对于"智人"来说是一种本能。环顾周围，你随处都能看到人类的创造和创新成果。何不认为你自己也具备创造力呢？与其尝试培养自己的创造能力，不如集中精力清除阻止你产生创意的障碍。

横向思维的方法可以帮助我们找到不利于创意思维和创新的力量或因素。但不久后，就像病人在恢复身体时一样，我们将需要更多能量——能够在下一个阶段（详见第二部分）提供指导的积极的行为准则或技能。

但首先我们必须了解思维的运作方式（详见下一章）。任何思维方式只有与大脑中的砂砾相协同才能发挥最大效果，而不能与之相悖，为此，你首先要了解自己的思维。当然，同时你也会了解其他人的思维，因为人与人之间很相似。你可以与整个团队的大脑协同合作，共同解决问题或抓住机会。

■ **本章要点：创造力和创新**

◉ 人类不会凭空造物。我们往往认为看不出原材料的产品是"有创意的"，这其中隐含一种价值判断。

◉ 新颖是一个相对的概念：一种环境下的新事物到了另一种环境中可能就是陈词滥调。

◉ 创新者是能够向市场推出新的产品或服务的人。其中包括对现有产品或服务进行完善。

◉ 横向思维本身是创新的典型例证，它体现了逻辑思维和纵向思维与大脑的创造性活动之间的区别。

◉ 你不妨利用这个方法将注意力从如何获得创造力转移到是什么阻止你获得创造力上，包括负面情绪、害怕失败、工作压力、墨守成规、主观臆断和过度依赖逻辑。

⦿ 最后，你要克服妨碍创造力的一个不利因素：认为自己毫无创意。事实上，创造力的范围之广远远超出想象。每个人都可以通过学习培养创造力，而本书将提供这方面的指导。

| 任务清单：创造力和创新 | | |
|---|---|---|
| 回答下列问题： | 是 | 否 |
| 你能否至少举一个例子证明自己使用过横向思维法？ | ☐ | ☐ |
| 你是否会积极地面对问题，并看到其中蕴藏的机遇？ | ☐ | ☐ |
| 你是否因为担心被嘲笑而不敢提出想法或建议？ | ☐ | ☐ |
| 你是否会严厉批评自己？ | ☐ | ☐ |
| 你是否忙得没有时间思考？ | ☐ | ☐ |
| 你的压力水平是否超出了部门平均值？ | ☐ | ☐ |
| 你的伴侣或好朋友是否认为你是个循规蹈矩的人——以别人为中心，将团队的认可看得比什么都重要？ | ☐ | ☐ |
| 你是否从某个创意中获得了极大的灵感，并强烈地想要与朋友分享？ | ☐ | ☐ |

（续表）

| 任务清单：创造力和创新 | | |
| --- | :---: | :---: |
| **回答下列问题：** | **是** | **否** |
| "所有问题都可以通过逻辑来解决。"你是否同意这个观点? | ☐ | ☐ |
| "大多数人都有创意思维能力。如今，大多数组织内部仍然存在大量未开发的智力资源。"在你看来，这种说法是否正确? | ☐ | ☐ |

# 02

# 思维的运作方式

大脑和思维并非同一个概念。想象一台电视机：屏幕上的内容是正在运转的"思维"；拆开电视机的后盖，里面那一团复杂的电线便是"大脑"。众所周知，思维与大脑是相关联的。大脑的各个部分负责具体领域的思维。但思维与大脑的整体关系——特别是意识现象——仍然存在很多未解之谜。神经学家研究大脑；哲学家和心理学家研究思维。

## ■ 大脑分工理论

1981年，罗杰·斯佩里（Roger Sperry）凭借"大脑分工理论"获得了诺贝尔生理学或医学奖。他认为，大脑的两个半球功能各不相同但相互交叠，分别负责不同的思维过程。

总的来说，对于95%的惯用右手的人来说，大脑左半球控制着右侧身体，负责分析、线性、语言和理性思维。左撇子的大脑功能正好相反。

你在整理账目、回忆名字和日期或者解决逻辑问题时，大脑的左半球在工作。

大脑的右半球控制左侧身体，是想象力、非语言和艺术思维的源泉。当你想起一个地方，欣赏一幅画或一座雕塑，发挥想象力或做白日梦时，右脑在运转。学校往往不会像重视逻辑和分析思维那样重视右脑的作用。

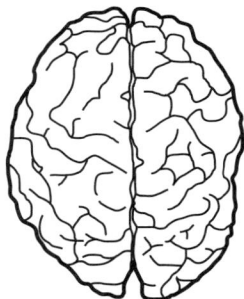

| **左半球** | | **右半球** |
|---|---|---|
| 逻辑 | | 直觉 |
| 顺序 | | 图像 |
| 语言 | | 视觉 |
| 线性 | | 空间 |
| 分析 | | 创意 |
| 推理 | | 整体 |
| 直言 | | 颜色 |
| 计算 | | 情感 |

**大脑分工理论**

本书重点关注思维的运作方式，而不是大脑。很多人对大脑研究很感兴趣，但没有证据表明他们的研究成果有助于提高智力水平。当然，它能够提醒我们，大脑中仍然存在大量尚未开发的资源。毕竟我们每个人都有上百亿个脑细胞——比全球总人口，甚至南美洲热带雨林里的树叶还要多。每一个脑细胞周围都有大约1万个细胞，产生了$10^{800}$种组合方式。

当然，没有一种思维模式是完整的。你我的思维有自己独特的运转方式。如果我们把自己的DNA涂上不同的颜色，每个人的图像都不同。但它并不能承载所有类型的思维活动和状态。我们只能根据具体的目的进行选择，通用理论不适合我们。

## ■ 有效思维理论

我在《决策培训》（*Training for Decisions*）一书中介绍过我自己的思维模式，并在《高效决策：实现创造性决策的必备思维》（*Effective Decision Making: The Essential Guide to Thinking for Management Success*）中进一步阐述。这一模式表明，思维包含三项元功能（meta-function），三者像拼图一样组合在一起。

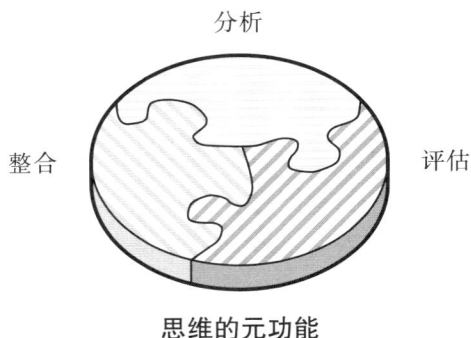

分析

整合                            评估

**思维的元功能**

这一模式的主要含义在于，思维有三种基本形式，包括分析、整合与评估，全部是人类在适应环境的过程中逐渐演化而来的。

◎ **分析**（Analysing）源于希腊语的一个动词，原意为"松解"。它的主要意思是"分解为简单的部分"。换句话说，如果我将手表的零部件拆卸，我可以说是在分析它。但这个词除了表面意思之外，还有更深层的含义。的确，"松解"并不意味着将各个要素彻底隔离：两根绳之间的结可能解开了，或者只是松了松，让人能看懂打结的方法。分析指的是追溯事情的本源，并探索具体现象背后的规律。

◎ **整合**（Synthesizing）一词也源自希腊语。它与"分析"的意思相反，指的是"将部分或要素相结合，组成一个复杂的整体"。拉丁语动词"cogito"意为"我思"，源自词根"一起摇晃"。如果最终形成的整体大体上是新的，尤其是具有原创性，那么我们可以将整合过程视为创造。

◎ **评估**（Valuing）是思维的第三种元功能。它最终无法通过分析进行简化，也不可简单地视作分析或整合，抑或两者的结合。评估也可以理解为"依据价值或标准进行思考"，是独立于分析或整合之外的一种主要的思维模式。它是判断力的核心，在做选择的过程中起到关键作用。

这些元功能共同构成思维。我们并不一定每次都有意识地转换思维功能，但三者间的平衡偶尔会改变。某一刻你可能还在分析，下一分钟就开始评估了，两者是相辅相成的。如果一种功能将另外两种打压下去并占据主导地位，局面会很清晰。举个例子，研究人员有过度分析或者给出否定评价的倾向。在所有有效思维中（包括创意思维），三种元功能会形成一个动态的三重奏，只不过一种功能在台上表演时，另外两种要在一旁候场。

| 明确目标<br>和问题 | 制订路线<br>和解决方案 | 选择最佳路线<br>和解决方案 |
| --- | --- | --- |
| 以分析<br>为主 | 以整合<br>为主 | 以评估<br>为主 |

要带团队过河，你必须建造一座有三根支柱的桥，每根支柱代表一种元功能，所以将三者区分开很有必要。

**过河方法**

■ 深层思维原则

"深层思维"这一说法来自大海的概念。它代表的不是意识和潜意识思维的明显对立，而是"表层"和"深层"思维之间的连续性。我们可以把意识想象成一束光，透过大海的表面照射到深层的"思维洞窟"中，到了"无人涉足"的深度才黯淡下来。三种思维模式（分析、整合与评估）都会用到深层思维。这里产生了两个相互关联的变量：

◎ 分析、整合与评估之间的转换与互动

◎ 思维在表层与深层之间的持续自动转换，三种元功能随之变化

三种元功能在大脑意识的不同层面发挥作用，也可能同时在多个层面进行。举个例子，人在组装电源插头或制作玩具时，整合功能会在一个意识层面上进行。但是将所有零件或要素结合起来组成一个复杂的整体时，整合功能便在前意识、半意识或潜意识层面同时发挥作用。

*EFFECTIVE INNOVATION*

我们虽如尘土，但不朽的灵魂在成长，
一如音乐里的和声；
有一种黑暗、神秘莫测的技巧，
让不和谐的音符相融合，使所有音符凑在一起，
形成了一个整体。

威廉·华兹华斯（William Wordsworth）

很多像诗人华兹华斯一样有创意的人都看到了一个事实：明显不和谐或各不相同的"部件"会在潜意识思维中以一种新的模式相融合，并产生前所未有的结果。灵感的闪现、突然蹦出来的好主意以及灵机一动的时刻往往都是下意识的思维活动的结果。

---

**双联想**

亚瑟·库斯勒（Arthur Koestler）在《创造的行为》（*The Act of Creation*）中首次提出了"双联想"的概念，用于描绘创造力的本质，即"将两个不相关的事实或观点放在一起，形成一个唯一的想法"。双联想通常会释放压力。灵机一动的时刻会让人发出惊叹。正如库斯勒所说，它就像是笑话引发的爆笑一样。圣诞节饼干笑话[1]有时候会引发双联想："如果把开水灌进兔子洞里，你会得到什么？热十字兔[2]。"

---

1　人们庆祝圣诞节时会将写有笑话的小纸条塞进饼干里，以供娱乐。——译者注
2　"热十字面包"（hot cross bun）是西方人庆祝复活节时吃的食物，兔子是复活节的象征，因此此处的"热十字兔"（hot cross bunny）引发了双联想。——译者注

大多数人通过弗洛伊德第一次了解潜意识的概念，所以他们的印象是千篇一律的。意识往往被视为理性和秩序的所在地。从定义判断，潜意识在很大程度上是未知的，主要包括被我们所压抑的盲目、天真的冲动以及原始的欲望，只有晚上在梦里才会出来活动。

我们每次谈到潜意识时，脑中会自然而然地出现一些图像或生动形象的日常生活画面，用来代替无法描述的场景：这些隐喻或明喻用来形容无法完全呈现的事实。我们与自己或他人的潜意识通过图像语言进行沟通，艺术家和诗人都能读懂。图像与整合功能之间的密切关系可以通过想象力解读出来。它既是我们的大脑针对感官无法感知的外部物体形成图像的能力，也是思维的创造力天赋。

这些要素——三种元功能和深层思维原则，与多种情感一道形成了有效思维的模式或理论。我加上了情感或感觉，因为它们跟语言密切相关。情感与动力之于思维就像电波之于大脑。我们需要刺激才能够思考。有些刺激是自发形成的，但有些来自外部。

对大脑的研究往往会忽略掉思维中意识以下的层面，而我们在后面会看到，深层思维具备计算机一样的能力，在程序正确且条件成熟时能够下意识地进行分析。每个人的深层思维能力各不相同。

### ▉ 练习 1：运用你的深层思维

试着写出五种有助于提高有目的地运用深层思维能力的方法。

1. _____

2. _____

3. _____

4. _____

5. _____

读完第二部分时重复此练习。

---

**直觉**

　　直觉是思维明显、直接的运转，不存在任何主观推理过程的干预，它是某些潜意识层面的分析瞬间上升到大脑表层的过程。举个例子，直觉可以让你在毫无证据的前提下知道某些情况的存在。例如，你能够感知到一位满口豪言壮语的竞争对手离破产不远了。可能的原因在于，你的大脑通过眼睛和耳朵获得了大量信息——难以察觉的线索、暗示和迹象，并在潜意识层面进行处理。与计算机一样，它将你的直觉"打印"出来，变成了解决方法或决策。

## 在商业活动中使用深层思维

我无法从科学的角度进行解释，但我深信，多年以来我的大脑像计算机一样存储了关于某个问题的大量细节，我在此基础上做决策并取得最终结果。所有信息整齐地堆在我的脑海里，以备不时之需。如果一时找不到答案，我会将问题暂时放下，这时脑细胞似乎开始搜寻可用的信息，因为第二天一早，当我再次思考这个问题时，解决办法往往立刻就蹦出来了。我似乎是下意识地作出判断，而我相信就在我没有专门去思考问题的时候，潜意识将它与我的记忆关联在一起。我以往的经验提供了光亮，照亮了克服困难的道路。我相信其他年龄大一些的人也经历过同样的大脑潜意识发挥作用的情况。

你或许会说，这样一切都变得简单了。但是潜意识当然不会轻易发挥作用，这么多年的经验不是轻易积累起来的。

罗伊·汤姆森（Roy Thomson），《在我60岁之后》（*After I was Sixty*）

对于一些人来说，深层思维的发现颠覆了商学院商业决策课程的内容：目前该领域以数学公式主导，几乎与真实世界不沾边。

深层思维或大脑对于评估思维的作用仍待探索。小说家艾丽丝·默多克（Iris Murdoch）在一次电台采访中举了个例子。她提到自己还在牛津大学就读时，有一次与朋友参加晚宴。宾客当中有两位哲学家，整晚都在侃侃而谈。回到家以后，默多克突然对朋友说："A是好人，B是坏人。"很显然，她的潜意识得出了这些结论，并突然出现在她的意识中。

　　毫无疑问，你对当下的情形也有过类似的直觉或推断。可以确定的是，潜意识可以帮助你分析尚未察觉的数据，并将这些数据与储存在记忆中的内容进行对比。潜意识运用评估思维对你自己的行为进行道德评价或判断，可能表现为内疚或懊悔。这种未经主观要求或许可的理智想法是在提醒你，潜意识思维在一定程度上是独立运行的，它不受你控制。亨利·梭罗（Henry Thoreau）曾经大胆地提出："人类的潜意识是上帝的意识。"

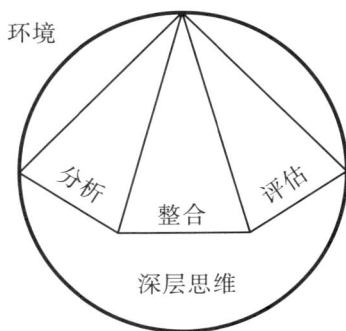

思维的元功能

有时候，决策、方法、直觉或想法似乎在脑海里自行生长。它像是贝壳中的砂砾，逐渐形成珍珠。如果有人幸运地捡到了贝壳，那么打开的那一刻会收获惊喜和快乐。它也像是一粒种子，落入了肥沃的土壤，逐渐生根发芽、全面成长。

"全面"（holistic）这个词来自希腊语的"holo"，意为"整体"。这个词最早在1926年由南非领袖扬·斯穆茨（Jan Smuts）提出。斯穆茨不仅是军人和政治家，也是农业科学的狂热爱好者。他用这个词来形容自然将有秩序的单元组发展为一个整体的倾向。婴儿不是由碎片组装而成的——他们是逐渐成长起来的整体。这是自然的演变方式。思维的运转也是一样的道理，有些人表现得更加明显。女性的思维比男性更加全面。

思维全面的人大多不喜欢过度分析。他们了解一个人或一种情形的途径是倾听他（它）从最初到现在的成长故事。成长这个概念对他们有吸引力。例如，如果领导者或企业家思维全面，且不以赚钱为唯一目标，那么他们想要的是在规模和质量方面实现企业的"成长"。

全面的人在创造力方面也会快人一步。与他们完全相反的是分析人员，在这些人的思维中，分析几乎成了唯一的功能。将事物分解为小块并分类（尽管这样做很有效）不利于创意。这样做在创意或创新的过程中会发挥一定作用，但也只是辅助手段。

在下面的案例研究中，请你将所有体现"全面思维"偏好，或者描述深层思维创意活动特点的词语标出来。

■ 案例研究：C. S. 福里斯特

C. S. 福里斯特（C. S. Forester）是一位小说家，最著名的作品是关于英国海军军官霍雷肖·霍恩布洛尔（Horatio Hornblower）在拿破仑战争期间的一系列故事。福里斯特有一次讲到了自己的创意过程：

> 水母在海里游来游去。它们不需要觅食，游到哪里、吃什么全靠运气。小型生物一旦碰到它们的触手就会被捉住和吃掉。我将自己想象为一只水母，被捉住的生物就是小说的情节、故事、梗概和主旨——也就是小说的整个框架。大海里有比水母更加高等的生命形式。在人类的海洋中，每个人都有同样的经历，但一些人是水母，一些是鲨鱼。属于水母的作家发现并捉住微小的生物，即细微的、能引起联想的经历，并用于具体目的。
>
> 接下来，一旦被捉住的生物被水母吞入胃中，水母

就会分泌胃液，将生物转化为各种原生质。在消化过程中，水母并未有意识地做任何事。

对我来说，最初的刺激因素一般都会不了了之。朋友在交谈中随意说出的话、书中的一个段落、路边的事故都有特殊的含义，会得到特别关注。但即便如此，它也会被忘掉，或至少被忽略。

它会落入潜意识的深层，像一根被浸湿的木头沉入水底，与之前沉下来的其他木头躺在一起。定期有人将它与其他木头捞起来检查，一段时间后上面甚至会长出海藻。我在某个早晨刮胡子时，或在某个晚上思考喝什么酒时，原先那些不成熟的想法会再次浮现在脑海中并不断延展。

有时我会设计两种完全不同的情节，都不太令人满意。突然它们像两片拼图一样拼合起来——困难消失了，故事变得完整，我感受到一种特殊而强烈的愉悦和满足感——甚至受之有愧。这或许是我的职业带来的最大回报。

C. S. 福里斯特，《早在40岁之前》（*Long Before Forty*）

## ■ 选择与你的思维相契合的职业

你认为加拿大媒体大亨罗伊·汤姆森（Roy Thomson）能写得出小说吗？或者福里斯特可以像汤姆森一样运用自己的深层思维作出商业决策吗？不能，因为两个人都是凭借自己的兴趣、秉性和天赋选择最适合自己的领域。他们对自己的工作都很满意，并感到充实：一个打造了商业帝国，另一个创建了虚拟世界。

有些人不止在一个领域具有创造力，但他们属于特例。所以你最好在一两个领域进行尝试（有些创意职业是将两个不同领域的才能结合起来产生的），看看自己在哪方面最具才能，这样你最有可能展现出创造力。

在这个阶段，不要给各个领域贴上"会计"或"医药"等职业标签，这会缩小你的选择范围。开阔眼界，集中精力观察，看看不同的智力领域之间是否能擦出火花，这代表着你可能产生了创造力。

## ■ 创意思维悖论

你或许在照片上看到过罗丹（Rodin）的著名雕塑"思

想者"。用大理石雕刻出来的人蜷起身体，一只手托着头在思考。在我看来，这尊雕塑展现了创意思维悖论的一个特征：创意思维是一种孤独的行为。一方面，你需要充足的时间独自一人慢慢思考具体问题以及一般工作事务。你如果不热爱工作，就很难成为优秀的创造性思考者。

另一方面，创意思维是一项高度社会化的活动。没有其他人提供激励和信息输入，你很难进行思考。这也是为什么人们会聚居在城镇里。大脑是一个开放系统。它像是无线电发射器和接收器，通过多种不同的途径与其他人的思维沟通，其中很多途径尚未被发现，更谈不上了解。

## 智力领域

| | |
|---|---|
| **语言** | 深刻理解词语间的关系；能够用语言表述概念或想法；擅长记忆书面或口头语言（作家、诗人、哲学家） |
| **空间** | 深刻理解空间关系；想象力丰富，擅长三维思考；擅长记忆空间安排（艺术家、建筑师、某些领域的科学家、城市规划者） |
| **算术** | 深刻理解数字关系；能够在脑中进行复杂的数学运算；擅长记忆数字（数学家、金融家、会计、某些领域的科学家、精算师） |
| **颜色** | 深刻理解颜色关系；能够快速设计色彩搭配；擅长记忆颜色（艺术家、服装设计师、室内装饰设计师） |

（续表）

| | |
|---|---|
| **音乐** | 深刻理解声音关系；能够在脑中作曲；擅长记忆音调（作曲家、歌唱家、音乐家） |
| **机械** | 深刻理解发动机等系统的零部件关系；能够发明新的机器或系统，或改装旧机器（工程师、机械师、计算机系统专员） |
| **有机** | 深刻理解动植物或人类的部分与整体关系（医生、生物学家、环境学家） |
| **人际** | 深刻理解人际关系；能够建立团队和组织；能够帮助个人成长 |

亚历克斯·格雷厄姆（Alex Graham）是苏格兰一家中等规模服装公司的主管，工作非常勤奋。他决定休个假，独自一人坐船航行全世界。

两个星期后，他的船在一块礁石上撞沉了，他挣扎着游到委内瑞拉一个目不可及的无人岛上。

"这是个机会，"他对自己说，"我一直想找点时间好好思考。"他得到了很多时间——三个星期过去了，也没人来救他——但他一个好的主意也没想出来。

对此你怎么看？

隐居生活有助于你与上帝对话，实现精神上的成长，但无法让你成为头脑清晰或具有创意的思考者。想法只有在交流中才会变得清晰；思维只有借助他人思维的打磨才会变得敏锐。为了思考创意，我们需要不断地接触社会，从而激发、唤醒或激活数百亿个脑细胞。人与人之间是互相支撑和滋养的关系。

伟大的思想者往往最清楚自己有多需要与其他人——尚在世或已经作古的人——在自己从事的领域内，或者在全人类的知识和体验中进行智力交流。在他们看来，所有人都是站在巨人肩膀上的小人物。

了解这一悖论后，作为创造性思考者，你要妥善地平衡独处思考时间和社交时间。社交有多种形式，包括：

◎ 参加大型会议

◎ 与人通话

◎ 读一本书

◎ 参观图书馆

◎ 与人共进晚餐

◎ 召开工作会议

◎ 看电视

◎ 上网

你要实现一种均衡：一边是社交，另一边是独处。如果你感觉自己缺乏与其他人交流的动力，要通过积极寻找机会来维持平衡，例如加入读书俱乐部，与朋友聚餐或参加会议活动。或者如果社交活动过于密集，你也要设法创造一些独自思考的时间和空间，例如早起。你一定要认真感受大脑深处传来的微弱信号，并作出回应——这需要你独自完成。

## ■ 本章要点：思维如何运转

⊙ 在解决问题、做决策和思考创意这些具体的活动背后是一般性的应用思维。思维有三种主要形式：分析、整合与评估。

⊙ 在意识以下是深层的潜意识，思维在这里照常运转。我们无法将分析全部归到意识层面，或者将整合归到潜意识层面。这两种元功能，加上评估，也可以在潜意识的深层思维中出现。提升日常思维的第一步，是清楚有目的的思考可以发生在思维的不同层面。

⊙ 在实践中，我们必须选择最适合自己思维的领域。我们都有自己独特的思维天赋。很少有人会在多个领域表现出超常的创造力，而创意方向（在第二部分介绍的七种习惯中）会影响人的一生。正如作家亨利·米勒（Henry Miller）所说："当一个人内心充满创意的渴望——例如我自己，他就会瞬间在所有领域获得创造力。"

| 任务清单：思维如何运转 | | |
|---|---|---|
| **审视自己的思维，你觉得哪项元功能最强 / 最弱？** | **最强** | **最弱** |
| 分析 | ☐ | ☐ |
| 整合 | ☐ | ☐ |
| 评估 | ☐ | ☐ |
| **回答下列问题：** | **是** | **否** |
| 你是否利用过深层思维将两种完全不同的行动路线结合起来？ | ☐ | ☐ |
| 你是否将问题搁置一段时间后发现大脑已经作出了选择？ | ☐ | ☐ |
| 你认为自己的思维是否具有全面性，促使你从整体上看待问题并厌恶分析？ | ☐ | ☐ |
| 你是否无法快速作出关于人的决定，并依赖直觉？ | ☐ | ☐ |
| **回答下列问题：** | **是** | **否** |
| 你是否通过深层思维中的良知在事后评估过自己的言行？ | ☐ | ☐ |

（续表）

| 任务清单：思维如何运转 | | |
|---|---|---|
| 你是否清楚自己在思考方面的兴趣和优势在哪里？<br>（参考"智力领域"表） | ☐ | ☐ |
| 你是否擅长多个领域？ | ☐ | ☐ |
| 你能否平衡独处与社交的时间？ | ☐ | ☐ |

# 第二部分

# 成功的创造性
# 思考者的七种习惯

从根本上看，"习惯"是一种经过多次重复后固定下来的行为方式。我们常用这个概念来暗指下意识或者未经事先思考而做某件事的行为。

每个人都有自己的思维和行为习惯——有一些很好，有些不够好。这些习惯是我们以特定方式应对问题的内在习性或倾向。经过多次重复，习惯成为我们的第二天性。所有习惯共同组成了我们所谓的"普遍习性"，或称"思维特征"。

本部分介绍的七种习惯是具有创意或创新能力的思考者所具备的一些特征。当然，并非每个人都具备所有七种习惯，但你必须获得其中的大多数。

这些习惯反映了大多数创意思维技巧，但并非全部，因为有些领域仍待发掘。

读完本部分以后，你将：

◉ 清楚地了解创造性思考者在探索创意时具备的七种习惯。

◉ 了解你自己对这七种习惯的掌握程度，并采取一些方法，将这些习惯内化。

◉ 探索具备这七种习惯的创造性思考者的个人素质或特征。

# 03

# 习惯一：跳出九个点

　　我在《决策培训》一书中提到了一种智力游戏，叫作"九点图"。这个小游戏很快流行起来，也被很多其他作品引用。但我希望你们将它看作是探索思维运转的模型，而不仅仅是智力游戏。对你来说，它可以成为一把钥匙，能打开通往高效的创造性思考者所具备的第一个习惯之门。

　　一笔画出四条直线，将下图中的九个点全部连起来。给自己三分钟时间。如果你解出来了，可以分享给朋友或同事，观察他们的解题方法；也可以尝试找出第二种方法——至少有两种。

■ 九点图

下面给出了最简单的解题方法。在你自己解出来之前，最好不要看。

如果解不出来，想想为什么。你是否下意识地作出了假设，或者给问题设定了限制或规则？本章标题给出了暗示，你看到了吗？

要用四条直线完成任务，你首先要排除一种假设，即"规则"要求直线在九个点之内。

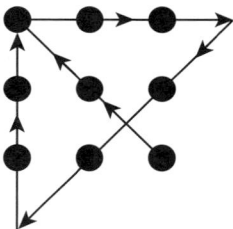

实际上，你可以用三条直线完成这道题。各条直线并不一定要经过每个点的中心。即使点非常小也没关系，线画得长一些就可以了。

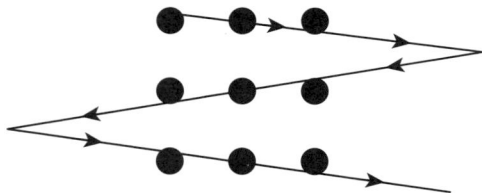

这样看就很简单了，对吧？我们来增加点难度。

## ■ 六根火柴

拿出六根火柴放在一个平面上，摆成等边或等腰三角形。不能将火柴折断。你有五分钟的时间找出两种答案（实际上有更多）。注意，三角形必须是完整的，角一定要闭合。

答案在第224页。

## ■ 克服假设

从"九点图"来看，你要培养的第一个习惯就是克服假设——任何人的假设。

不要误解我的意思。主观假设对创意思维会产生很大影响。

爱因斯坦擅长提出假设并研究其结果。"假设，"他曾问自己，"我乘着一道阳光，以光速穿过宇宙，那么其他事物看起来是怎样的？"这一假设的结果便是"广义相对论"。爱因斯坦通过这一理论告诉我们，影响行星与恒星运动的不是其他天体产生的力，而是空间和时间相对于物体的特殊性质。举个例子，光束可以以直线的形式穿过广阔的星际空间，但到了恒星或其他大型天体的领域内会发生折射或弯曲。

有意识的假设与此类似，它是创造性思考者的重要工具。你要故意且暂时认为某件事是合理的。

以国际象棋为例，每走一步，你的手要推着棋子走，不能松开，这样如果你走到一半后发现走错了还可以退回来。牛顿曾说过："伟大的发现离不开大胆的猜测。"

我重点强调了上面几个词，是因为这种解释性思维的基础是潜意识假设或成见。我们都曾在提出观点或展开行动以前，认为某些事本该如此，然后发现我们——可能在潜意识里——作出了一个不合理的假设。

警惕这些成见！它们就像是港口外的浅滩。成见是你在参考实际的知识以前形成的观点。最危险的成见是你完全意识不到的。

我们往往将假设与成见当作观点或常识提出来，而在检验后发现它们根本站不住脚。这些便是获得创意的一大障碍。

关于任何事的成见都值得怀疑。一个观点被大众接受后，你就有必要思考如何反驳它。但这很难。用爱因斯坦的话说，群众可以对周围的空间产生影响，扭曲人类思想的光束。

"很少有人能够冷静地反对社会上的偏见。"爱因斯坦说，"大多数人甚至无法保持冷静。"我们都存在于社会中。伟大的思想者往往都是孤独的，或许因为他们需要从心理上将自己与强大的群体偏见相隔离。

但是其他人可以帮助你避开这些危险的潜意识假设。他们有时会提醒你，你在假设某件事是真的，自己却没意识到。"你为什么这样认为？"他们会问，"你有证据吗？是谁告诉你你做不到的？"

假设性思维与猜测不同。我们在臆想、揣测或猜测时通常会参考一些微弱的迹象。猜测意味着要得出结论，可能是随机的，也可能是依据不确定的证据产生的。提出假设更像是试探性地向前走。"假设我们这样做——会有什么效果？结果如何？"这不是答案，而是你在困惑时可以尝试的一步，它会给你带来新的可能。

你有必要区分有意识的假设与无意识的成见之间的区别。"'假设'是手电筒，可以帮助探索者照亮前面的路，也为他了解大自然提供了指南，"路易斯·巴斯德（Louis Pasteur）说，"但如果他把'假设'转为'成见'，这就很危险了——因此我认为有必要将下面这句话刻在所有科学之门上：'思维最严重的错乱是一意孤行地认为某件事是对的。'"

**警示管理者：**

一件事不会因为我们做了而正确。

一种方法不会因为我们采用而有效。

一套设备不会因为我们买下而变成最好的。

实现想象力思维和批判性思维之间的合理平衡，这对于所有创造性思考者来说都是必要的，不仅仅是科研人员。巴斯德继续说道："在针对某件事开展实验性调查时，我们要通过想象力获得初步想法。但是到了最后总结的时候，为了解读观察到的事实，想象力要服从于实验结果。"

因此，思维将带领你打破或改变在其他人眼里不可动摇的规则。你不能依据错误的前提提出论点，这是一条根深蒂固的规则。但是为了开展创意思考，以大胆和有想象力的假设为表象的"错误前提"或许正是你打破成见所需要的。"大胆的想法就像一颗棋子。"歌德写道，"它或许被吃掉，但也可能决定整盘棋的胜利。"

**关于思维的思考**

思维或许存在科学或关键阶段，在它之前一定会有一个不重要的阶段。理论是人类发明出来的，但它可能仅仅是错误的推理、大胆的揣测和假说。我们在此基础上打造了一个世界：并非真实世界，而是我们努力把握住真实世界时所处的巢穴。

如果事实如此，那么我最早提出的探索心理学便有了逻辑基础：出于逻辑原因，我们没有其他探索未知领域的途径。

卡尔·波普尔（Karl Popper），《无休止的探索》（*Unended Quest*）

管理好假设很重要，这样我们才能感知到潜意识的束缚或规则并进行质疑，人们有可能将这些束缚或规则强加于问题、情境、决策、人、团队和组织。接下来，你可以检验或克服它们。当然，它们可能会经得住质疑，让你信服。别忘了"九点图"！

管理假设还需要你将假设看作是侦察兵或开拓者，积极部署在思维的重点领域。在这里，它更像是试探性的假说。它的想象力程度越高，或者覆盖面越广，就越有可能承载新的可能性或创意。

## ■ 扩展相关性跨度

"九点图"的意义在于，它教会我们跳出框架看待问题并建立关联。如果你的笔尖将图外隐形的点连接起来，那么图内各点的关系就形成了。创造性思考者通常会考虑到很大范围内的相关性。他们习惯性地跳出九个点，到"外部空间"寻找其他与问题有关的点，并找出解决办法。

尽量看向本书以外的地方。将一只手展开，放在摊开的书上，大拇指放在一边，小指伸向另一边。对于你来说，这本摊开的书就是一个"跨度"，也就是大拇指到小指的距离。你可以看到，这个跨度没多大，只有20厘米左右。

"相关性"指的是你所掌握的与某个问题有关的内容。因此，"相关性跨度"可以定义为你针对某个问题寻找相关的观点或材料的领域。如果相关性跨度很窄，你只能在周边探索，走不了太远，同时，将关键点连接起来的直线就会很短，你就容易落入"九点图"的陷阱。

---

**目光短浅的系主任**

"我能否针对面向各个系主任的下一次领导力课程提一点建议？"化学系主任问。

---

> "当然可以，我们的评估工作就是这个目的。你有什么想法？"我回答道。
>
> "我觉得课程中有关领导力的案例完全不相关。大学不是军队、企业或乐队。我们需要来自大学内部的案例分析，而且是英国大学，不是美国大学。课程应该与大学的管理有关——要提升相关性。"
>
> "这样的话，关注范围是不是太窄了？"我正要反驳……"还有，"她补充道，"可以提供更多关于女性就任大学领导职位的案例——尤其是在科学专业。"

你可以看到上面的对话有些尴尬。狭窄的视野/相关性和创意思维是此消彼长的。哪些东西相关是一种主观看法。跨度窄的人只能看到非常明显的或身边的相关性。在他们的脑海里，没有任何事物可以产生关联，除非它：

◎ 具有明显的相关性

◎ 具有强烈的权威性

◎ 易于追溯

◎ 具有直接影响

◎ 存在逻辑关系

你会发现，这些标准将你局限在自己的职业或技术领域中，对于解决特定类型的问题非常有效。举个例子，好的医生能够判断你的哪些症状或话语符合他的诊断，哪些可以排除。但创意的产生在很大程度上取决于将下面的点关联起来：

◎ 不一定在时间或空间上与你接近

◎ 或许完全不属于你的职业或技术领域

◎ 明显不相关

◎ 或许被伪装或隐藏起来——无法轻易得到

◎ 找不到任何逻辑或自然关系

◎ 缺乏权威性

较为"疏远"的联系有可能更具创造力。它更有可能以别人意想不到的方式产生"新的"创意。

"经验，"埃德加·爱伦·坡（Edgar Allan Poe）写道，"与哲学表明，大量（可能有大多数）真理来自看似不相关的东西。"

对于第一次接触九点图的人来说，九个点以外的空间就是这样——看似不相关。实际上，它对于解决问题至关重要，因为其中有两个点是你画出的直线必须经过而且相交的。

换句话说，对于一个人来说看似不相关的东西可能在其他人眼中具有高度相关性。它在很大程度上具有主观性。例如，乐器对普通农民来说毫无用处，但对于杰思罗·塔尔（Jethro Tull）就不一样了。

塔尔是英国农业学家，18世纪初期曾在伯克郡务农。他发明了一款播种机，可以机械地播种，同时在两行种子之间留出来一些空间，确保植物苗壮生长。塔尔还是一名风琴手，播种机的创意就是他在风琴上获得的。实际上，他只不过将一个领域的知识和技能转移到了另一个领域。

在九点图游戏中，塔尔看到的远远不止图中的几个点。他的思维已经超越了农业本身。他并不认为解决办法存在于明显的相关性跨度（其他农业或工业机械）中，也无法借鉴农业经验。风琴代表九点图外部的一个点，他通过发挥创造力将它连接起来。接下来要做的就是进一步探究和强化新的想法。

### ■ 摆脱成见

当你不太精通某个领域时，创造性思维是有一些竞争优势的，你正在努力思考新的想法，看到以前没有人见过的东西，原因在于技能和专业教育或培训会给你灌输大量假设。

这个问题以基本假设为基础，上层结构建立在一般性假设的框架之上。从整体来看，由于这些假设会带来一些好处，它们逐渐获得权威性，令人无法质疑。与其忘掉它们，你不如从一开始就没有学习过。

因此，一个未经传统想法和假设所束缚的大脑在传统行业中更容易取得创新。1856年，英国土木工程师亨利·贝西默爵士（Sir Henry Bessemer）发明了"酸性转炉炼钢法"，可以化铁炼钢。他曾经说过："成熟的实践经验带来的成见没有束缚我的思想、让我产生偏见，我也不会理所当然地认为什么是对的，这是我相对于很多人的优势。"与很多其他"局外人"一样，他在一个领域不受思维模式的限制，同时还用到了其他领域的知识和技能。

你可能有很多问题要问。为什么我们要用这种方式来解决问题？成功的标准是什么？哪些证据可以证明我们取得了成功？我们上一次回顾这些流程是什么时候？哪些竞争对手采用了不同的方法，结果如何？这一领域的关键研究和开发成果有哪些？

这些问题常常出现，它们像气钻一样钻进了组织流程的坚硬道路中。你无法在柏油路面上播下变革的种子。组织的实践和流程就像是道路。"路一旦铺好，"罗伯特·路易斯·史蒂文森（Robert Louis Stevenson）写道，"车流会逐渐增加，越来越多的人开始走在上面，还会有人负责修缮和维护，延长它的使用寿命。"

缺乏某个领域的专业知识并不会妨碍你获得创意。实际上，懂得太多可能是一种劣势。本杰明·迪斯雷利（Benjamin Disraeli）曾说过，我们必须"学会忘掉所学的知识"。

| 小测验 | |
|---|---|
| 写出以下产品发明者的正式职业 | |
| **产　品** | **职　业** |
| 1. 圆珠笔 | |
| 2. 安全剃须刀 | |
| 3. 柯达胶卷 | |
| 4. 自动电话机 | |
| 5. 停车计时器 | |
| 6. 充气轮胎 | |
| 7. 密纹唱片 | |

答案在第225页。

詹姆斯·戴森（James Dyson）发明过很多产品，其中包括球轮手推车，把一个类似于垃圾车后斗的塑料壳挂在一个大的足球上。还有一个发明是双气旋吸尘器，它没有集尘袋，而是通过两个气旋的离心力过滤掉灰尘。在高质量产品的基础上，他建立起一个年收入达数百万英镑的企业。但这位杰出的创新者在校主修经典文学，并在皇家艺术学院攻读了设计专业。戴森最早从家居设计起家，后来出于对技术的热爱，开始转向产品设计。

艺术生怎么能跨越到技术创新领域？他说道："设计只是一种思维状态，不需要大量知识储备。但我坚持认为，所有人用六个月时间就可以成为某个领域的专家，无论是造船业的流体力学、吸尘器的气旋系统还是轮椅的推进技术。我会避开需要大量计算的领域，走创新的道路。"

---

### 弗朗西斯·克里克

1953年，分子生物学实验室取得了第一项成果：詹姆斯·沃森（James Watson）和弗朗西斯·克里克（Francis Crick）发现了DNA的双螺旋结构，揭示了遗传信息的本质，以及复制和遗传方式。这一发现彻底改变了生物学。1945年，年近30岁的克里克曾评价自己：

"由于曾在海军服役，我被安排到一个不算很好的专业就读。我对磁力和流体力学有些许了解，但对这两个领域毫无兴趣。我也从未发表过论文……但我逐渐意识到，知识的匮乏也可以是一种优势。大多数科学家到

---

了 30 岁左右时会被自己的知识所束缚。他们在一个领域投入了大量时间和精力，而到了这个年龄，要想彻底转换行业太困难了。而我除了知道物理学和数学的一些基本原理，其他一无所知；我还具备接受新事物的能力。"

《狂热的追求 —— 科学发现之我见》( *What Mad Pursuit: A Personal View of Scientific Discovery* )

真正关键的是学会思考。创意思维是一组习惯或素质的集合。它并不依赖技术或专业知识，尽管两者有助于形成初始观点以及将创意付诸实践和投放市场。要记住，缺乏经验或书本知识有时对你来说是有利的。

巴恩斯·沃利斯（Barnes Wallis）在第二次世界大战期间发明了跳弹，并协助开发了协和超音速飞机和可变后掠翼飞机，但他在 16 岁时却没通过伦敦大学入学考试。"我一无所知，"他在接受电视台采访时说，"除了如何思考、如何钻研一个问题并坚持不懈地解决它。"

### ◼ 正确看清问题

横向思维的概念告诉我们，"问题是披着伪装的解决方法"。如果你没有正确看清或分析问题，那几乎不可能找到解决方法。

因此，分析的目的首先是明确想法，清晰的思维有助于激发创意思考。问问你自己，思考的重点是什么？是某种必要性，还是日常面临的问题，抑或是可以通过不同方式利用的资源？如果是某个问题，那么判断解决方法有效的标准是什么？

审视一下自己对问题的理解。你是否关注症状而非问题本身？看清楚一个问题通常有多种有效的途径（各种途径并非同样明显），每种途径可以成为一个潜在的解决方法。不同的途径都值得尝试一下：它们各自引领着一个思维方向。你最终选择的途径对于形成深层思维或许有极大的影响力。如果这条路走不通，你可以试试下一条。

爱德华·詹纳发明了疫苗，他的经历证明了改变思考方式会产生怎样的效果。18世纪末，他不再纠结人们为什么会感染天花，而开始思考为什么牛奶厂的女工没有患病：答案是她们容易感染危害较低的牛痘，因此产生了免疫力。这成了他终结天花疫情的第一步。

　　　　两个人正走在非洲丛林里，突然一只饥饿的猎豹跳出来，凶狠地瞪着他们。其中一人从背包里翻出一双跑鞋，蹲下来换上。"你这是干吗？"他的同伴绝望地大喊，"你不知道猎豹的奔跑速度能达到每小时 60 英里（约 97 千米）吗？""是的，没错，"第一个人系好鞋带后回答道，"我只要超过你就够了。"

最好的建议是，不要过于纠结问题的某个方面。你要从整体上去思考，像科学家一样从相关领域中寻找线索。让问题说话。"无论化学家的最终实验目标是什么，"哈泽尔·罗索蒂（Hazel Rossotti）在《化学世界导游》（*Introducing Chemistry*）一书中写道，"他们当下的目的就是针对研究对象提出正确的问题，并让它自己来回答。化学家的任务是观察，并尽量真实地记录答案，只有这样，他们才能试着去解读。"这种保持适当距离和客观性的态度正是创造性思考者在意识思维层面应该具备的。

人们在解决问题或审查事件时很容易产生主观的想法，包括潜意识的假设或束缚。耐心地分析，将各个部分重新组合起来，发挥想象力，得到不同的观点。这些方法即使不能像提款机一样迅速给出正确的解决办法，或者给你指出明确的方向，至少也能帮助你加深对问题的理解。

下面几组问题可以帮助你解决任何困难。不妨试着用来解决当下的问题。

**理解问题**

1. 你是否用自己的话表述了问题或目标？

2. 有没有其他解读问题的有效途径？其中隐含哪些解决方法？

3. 确定自己要做什么。你现在处于什么位置，希望到达哪里？

4. 明确重要的事实和要素。你是否需要更多时间获得更多信息？相关的政策、规则或流程有哪些？

5. 你是否将问题简化（过度简化）？

**解决问题**

6. 你是否检验过所有突出的假设？

7. 多向自己和其他人提问。是什么？为什么？怎么做？什么时候？在哪里？都有谁？

8. 列举出妨碍你找到解决方法的因素。

9. 采用倒推法。设想自己处于最终状态，倒推至你现在的位置。

10. 将所有可能的解决方法、前进方向或行动路径写下来。

11. 制定评估标准。

12. 缩小可行方案的范围，根据现有资源判断哪些是最有效方案。

13. 选出最理想的方案，也可借鉴其他方案。

14. 制订完整的执行计划，规定截止时间。

**评估和执行决策**

15. 确保所有重要信息都得到了采纳。

16. 从各个角度审查最优方案。

17. 确保方案符合实际。

18. 依据经验评估解决方案或决策。

现在你掌握了理论，可以试着回答下面几个问题：

**1. 谁养斑马？**

假设有五座房子，大门的颜色各不相同，里面住着不同国家的人，养着不同的宠物、喝着不同的饮品、吃着不同口味的冰激凌。

英国人住在大门是红色的房子里。

西班牙人养狗。

绿色大门的房子主人喝咖啡。

乌克兰人喝茶。

大门为绿色和白色的两座房子是相邻的，绿色在右边（你的右边）。

吃巧克力冰激凌的房子主人养蜗牛。

黄色大门的房子主人吃香草冰激凌。

最中间的房子主人喝牛奶。

挪威人住在最左边的房子里。

吃草莓冰激凌的房主与养狐狸的房主相邻。

吃香草冰激凌的房主与养马的房主相邻。

吃蔓越莓冰激凌的房主喝橙汁。

日本人吃香蕉冰激凌。

挪威人的房子与蓝色大门的房子相邻。

那么谁喝水？谁养斑马？

## 2. 游泳池

有个人想把自己院子里的游泳池扩大一倍。游泳池的各个角落都种上了树，如下图：

他应该如何在不砍掉这些树的前提下将泳池扩大一倍，并保持正方形呢？

### 3. 到餐馆就餐

三个女人各有两个女儿，所有人一起到餐馆就餐。餐馆里只有七个空座位，但所有人都坐下了。她们是如何做到的？

### 4. 亲属

伦敦一位医生有个哥哥在曼彻斯特当律师。但曼彻斯特这名律师并没有弟弟在伦敦当医生。为什么？

### 5. 瓶子里的硬币

将一小枚硬币放进空瓶里，用塞子塞住，如何在不打开塞子或打破瓶子的前提下把硬币拿出来？

### 6. 农民的选择

一个农民养了12只羊，他决定将每只羊单独关进一个羊圈里，但是他只有12个长的栏架和6个一半长的栏架。他该如何完成？

### 7. 越狱

哈里在墨西哥的监狱里服刑。牢房的门上了好几道锁；墙壁是混凝土砌成的，延伸至地下两层；地面是紧实的土地。距哈里头顶8英尺（约2.4米）的天花板的中间有个小天窗，刚好够他挤过去。牢房里空无一物。

有天晚上，绝望的哈里冒出一个想法。他开始在地上挖坑，虽然知道自己永远也逃不出去。

他有什么计划？

## 8. 水杯

6个水杯排成一排，前3个装满了水，后3个是空的。假如只能挪动一个杯子，你要怎么做才能确保装满水的杯子不相邻？

## 9. 自行车与苍蝇

两个男孩各自骑自行车从相距20千米的两个位置相向而行。从他们出发的一刻起，落在其中一辆自行车手柄上的苍蝇开始朝着另一个人的方向飞，相遇之后掉头向回飞，这样反复，直到两人相遇。

如果两辆自行车匀速10千米每小时，苍蝇的速度是15千米每小时，那么苍蝇一共飞了多少千米？

## 10. 三条领带

布朗（Brown）先生、格林（Green）先生和布莱克（Black）先生共用午餐，三个人分别戴着棕色（brown）、绿色（green）和黑色（black）的领带。

"你发现了吗？"戴着绿色领带的人说，"虽然我们的名字和领带的颜色刚好一致，但谁的名字与自己的领带颜色都不匹配。"

"天哪，你说得没错！"布朗先生惊叹道。

三个人分别戴着什么颜色的领带？

答案在第225—228页。

■ **本章要点：跳出九个点**

◉ 我们往往会给问题或局势施加条条框框，而解决方法可能就在思维盒子之外的某个点，因此我们要学会跳出九个点。

◉ 注意提防大脑中错综复杂的误解、成见和下意识的假设。接受他人批判或质疑你的假设。

◉ 培养思维能力，通过主动提出假设来探索前进的道路。这些道路不一定需要你走下去，就像在店里试穿新衣服，但没必要购买。

◉ 如今的常识与50年之前完全不同。50年以后的常识又是什么？

◉ 相关性跨度较窄的人在思考时会被自己的经验或工作领域所束缚。跳出墙外！将你的相关性跨度拓宽，因为世界上任何两个行业之间都存在关联——你要做的是发现它。

◉ "越能集众家之长的人越具有原创力。"如果你能够将别人认为毫无关系的几种想法联系起来，你将有较强的创造力：它们之间的距离越大，对创造性思维的要求就越高。

---

见世人之所见，想无人之所想。

——佚名

---

| 任务清单：跳出九个点 | | |
|---|:---:|:---:|
| 回答下列问题： | 是 | 否 |
| 如果你之前没接触过九点图，你能在三分钟之内解出来吗？ | ☐ | ☐ |
| 你能否区分潜意识假设和有目的的试验性假设？（"假如……""如果……"） | ☐ | ☐ |
| 你现在是否能轻松地辨认出同事的毫无依据的假设？ | ☐ | ☐ |
| 你能否平衡想象力与基于现实的判断？ | ☐ | ☐ |
| 你是否轻易忽略某些想法、人或事？ | ☐ | ☐ |

（续表）

| 任务清单：跳出九个点 | | |
| --- | :-: | :-: |
| 回答下列问题： | 是 | 否 |
| 你的身边是否有人的相关性跨度超越了你? | ☐ | ☐ |
| 你是否认为自己缺乏创造力是没有上过大学，或者是在某个领域缺乏专业知识的结果? | ☐ | ☐ |

## 04

# 习惯二：接受偶然事件的干扰

我正在构思本章内容时，听到后门有人大喊："有人在家吗？"这是所有管理者都极为担心的时刻——又被干扰了。我只能站起来迎接这位不速之客，将自己的构思散乱地丢在桌上。

但仍有大量证据表明，这种偶然事件有助于填补构思中的空缺。创造性思考者的第二个习惯就是特别注意并观察在自己思考或解决问题期间（可能长达几个月或几年）出现的东西。这种雷达一样的感知力会记录下周围的偶然事件。

### ■ 偶然事件——发明者的好运

大量发明都是偶然事件的结果，例如阿拉斯泰尔·皮尔金顿爵士（Sir Alastair Pilkington）在厨房水池边的经历。你或许记得，就在皮尔金顿爵士带领的研究团队发明出浮法工艺之前，玻璃制造还属于费时的劳动密集型产业，需要大量工人打磨玻璃表面使其光滑。

皮尔金顿爵士独创的工艺省去了最终的步骤，将玻璃溶体铺展在液态锡的表面，盛放液态锡的容器有网球场那么大。皮尔金顿爵士在厨房洗碗时想出了这个主意。浮法工艺使得玻璃表面均匀、平滑且闪亮，而且这样节省下来的成本是相当可观的。新的生产线工人数量减半，但能生产出相当于原先三倍量的玻璃。1959年该工艺投入使用后，皮尔金顿爵士得到了超过六亿美元的专利费。

亚历山大·弗莱明爵士（Sir Alexander Fleming）偶然发现了青霉素，这也是偶然事件转化为发明成果的经典案例。另外还有很多其他案例，包括：

**糖精**

糖精可以用来增加甜度，这是一位化学家在做完实验后偶然尝到了手上的甜味时发现的。

**胶版印刷**

艾拉·W. 鲁贝尔（Ira W. Rubel）有一次发现，平板印刷机的进纸盒未能及时送纸，导致印刷表面的图案完全印在了滚筒上。这激发他创造了新的印刷方法。

### 镜式电流计

威廉·汤姆森（William Thompson）从自己的单片眼镜上观察光的折射时产生了镜式电流计的灵感。

### 橡胶的硫化

1839年，查尔斯·固特异（Charles Goodyear）从一次偶然事件中发现了橡胶的硫化作用。在此之前，他花费了多年时间做实验，试图找到一种处理原油或合成橡胶的化学方法，让橡胶具备韧性和稳定性，但始终没有成功。有一天，他正在将橡胶与硫黄混合时，不小心将混合物洒到了热炉子上。热气瞬间将它硫化，这时固特异看到了解决困扰他多年的问题的办法。但是他说过，偶然性绝不是促成这次发现的唯一因素：

> 多年来，我一直努力寻找方法，**从未遗漏任何相关的证据**。落在牛顿面前的苹果暗示了一个重要的事实，即牛顿的大脑随时会注意到任何对研究有利的事件。尽管我承认这些发现不是化学实验的结果，但我也不认为它们是所谓的"偶然事件"。它们是**相当密切的应用和观察的结果**。

上面重点突出的几个地方体现了扩大关注范围和密切观

察的重要性。巴斯德总结得很到位："在观察领域，机遇只偏爱有准备的大脑。"

有准备的大脑对你来说有什么意义？在寻找问题的答案或解决方法时，你的目的要明确。你要对相关事件保持高度敏感，同时在看到或听说线索的时候能凭经验认出它并认真思考。这要求你能够对意外之事保持警惕和敏感，同时注意观察意料之中的结果。你要做好投入大量时间却一无所获的准备，因为重大线索并不常见。在漫长的时间里，你要针对新的流程开展实验。尽量为碰到意外的好运做好最充分的准备。

或许在大多数人眼中，优秀的管理工作与运气并不沾边。运气是一种机遇，专门给有准备的人。

## ▇ 利用巧合

"巧合"（serendipity）是个令人愉悦的字眼。霍勒斯·沃波尔（Horace Walpole）创造出这个词，用于形容偶然间获得幸运且意想不到的"发现"的能力。在写给朋友的信（1754年1月28日）中，他提到自己根据童话《锡兰三王子》（*The Three Princes of Serendip*，"锡兰"为斯里兰卡旧称）创造出这个概念，因为三个王子"永远能凭借自己的智慧偶然间发现自己并没有在寻找的东西"。

如果巧合是一种偶然事件——发现我们没有主动寻找的有价值的东西，那么发现者至少能看到其中的创造价值。爱迪生在想到油印的方法时正在探索其他东西。但是他敏锐地意识到自己有了重大发现，并很快付诸实践。

巧合与将眼光局限于一个目标上、对其他东西视而不见的狭隘思维完全相反。它需要你扩大关注范围，关注有潜在重要意义的东西，哪怕它明显与你现在做的事毫不相干。

《锡兰三王子》里的三个王子都是旅行家，而对未知的探索总能带来意想不到的发现。我们都在课本里读到过，哥伦布发现新大陆时正在探索去往亚洲的新航道。他以为自己抵达了印度，所以将当地土著称为"印第安人"。你在旅行时也要抱着会有意外收获的心态，期待未知。你或许发现不了新大陆，但总能有一些令你开心的意想不到的"发现"。

"思考一定会有回报，虽然可能不是你所期待的。"这句充满智慧的话出自加拿大企业家和商人罗伊·汤姆森。

思考是一种精神的旅行。真正的思考是有明确方向的。多多留意新的想法，哪怕它只是一闪而过。有时候，脑海中偶然出现的道路可能比你制定的固定路线更加值得走。

## ■ 本章要点：接受偶然事件的干扰

◉ "巧合"是指在没有主动寻找的前提下发现有价值的东西。

◉ 扩大关注和兴趣范围，这样更容易有意想不到的发现。

◉ 培养创意思维能力会带来回报，但不一定是你现在所期待的。

◉ 将技术（经过一定的调整和适应）从一个领域转移到另一个领域是一种发挥创造力的方式。

◉ 在当前从事的领域中，你掌握了一些别人没有的知识或技能，因为你涉足过多个行业，或者因为你到过其他国家。

◉ 非人为促成或观察到的事件可用于创意思维过程。

◉ 要在偶然事件中找到线索，你需要具备敏感性和观察能力。

◉ 要解读这一线索并了解它的重要意义，你要抛弃成见、发挥想象力并养成认真思考未知现象的习惯，同时保持原创性。

- - - - - - - - - - - - - - - - - - - - - - - - - - - - - - - - - - - - - - - - - -

机会只偏爱有准备的头脑。

——路易斯·巴斯德

- - - - - - - - - - - - - - - - - - - - - - - - - - - - - - - - - - - - - - - - - -

| 任务清单：接受偶然事件的干扰 | | |
|---|:---:|:---:|
| 回答下列问题： | 是 | 否 |
| "机会只偏爱有准备的头脑。"你能举出自己充分准备后抓住机会的例子吗？ | ☐ | ☐ |
| 偶然的事件或遭遇是否在你的创意工作中发挥了重要作用？ | ☐ | ☐ |
| 你是否注意到，在绝大多数发明或探索中，偶然事件成了实现突破的重要条件？ | ☐ | ☐ |
| 你是否经常关注一切与当前工作可能有关联的事件？ | ☐ | ☐ |
| 你是否在不经意的时候有过新的发现，或者遇到了新的机遇？ | ☐ | ☐ |
| 你是否偶然间遇到了自己的另一半？ | ☐ | ☐ |
| 你是否认同万物相连，而我们只看到了极少一部分？ | ☐ | ☐ |

# 05

# 习惯三：聆听脑海深处的声音

你有时会听见自己脑中的声音，例如血液在血管中的流动，这个很神奇。同样的道理，创造性思考者习惯于聆听自己的脑海深处，或者潜意识里的声音。回到本书第33页，重新读一读福里斯特关于思维运转的描述，你就会明白我的意思。

对于有天分的创造性思考者来说，深层思维的效果非同小可。它可以将分析、整合与评估三种能力带入更深层次的思维中，并实现多种组合。它能同时兼顾四到五个不同的"项目"。柴可夫斯基曾经写道：

> 我有时会怀着好奇心观察我脑中掌管音乐的部分不间歇的活动，这些活动与我正在进行的任何对话主题都无关。有时候该部分会未雨绸缪，也就是说，它包含将脑中的作品表达出来的所有细节；有时也呈现出另一种全新的音乐创意……

我们都会有意识地进行整合，例如将2加上2变成4，或者用皮革碎片缝制皮鞋。但创造性整合是将（对别人来说）明显毫不相干的要素组合在一起，其中要对原材料作出根本性的改变。这个时候，深层思维自动开始运转。

以子宫做比喻，一些物质在子宫里孕育成长。"全面"一词最初是指种子在自然界成长为整个的产品，在这里意为大脑在创意领域的整合过程。因此，创意、概念或项目也被称为"智力产物"。伟大的工程师伊桑巴德·金德姆·布鲁内尔（Isambard Kingdom Brunel）在日记里将克利夫顿吊桥拟人化："我的孩子，我的宝贝上个星期落成了，真是太棒了！"

子宫的比喻比"孵化"的概念更为形象。"孵化"（incubation）一词是格雷厄姆·华莱士（Graham Wallas）在《思考的艺术》（*The Art of Thought*）一书中第一次提出来的，它的字面意思是母鸡坐在鸡蛋上，用体温帮助胚胎生长，直到破壳而出。但创意过程更像是将种子播种在土里，与已经成长起来的植物融为一体，然后以一种叠加的方式生长。


### ▉ 如何提升创造力


创意思维无法强求。如果你困在一个问题上毫无进展，最好将它放在一旁，让潜意识去接手。思维虽然要用时间来约束，但它并不是按时钟运转的。有时候，答案会在夜深人静的时候突然出现在脑海中。

掌握深层思维（大脑的潜意识）的原则可以帮助你养成第二个重要的思维习惯。很多人甚至没有意识到深层思维能够在他们进行其他活动时将碎片想法组成新的观点，或建立新的联系，因此，他们无法倾听自己头脑中的声音。

设想你的思维是一部传真机。你可能以为在每天早上用餐之前坐下来，能收到深层思维传来的信息。但情况并非如此。传真机在任何时间都可能工作。

华莱士认为，独创性思考的第一个特征是用一段时间集中思考具体的问题（准备阶段）。接下来将关注点有意或无意地从问题上转移开（孵化阶段）。有时候脑海中会突然闪现出一些想法或直觉（启发阶段），随后这些想法要接受关键的测试和修改（验证阶段）。他对这几个阶段的总结完全相反，见下页表格。

我的观点有所不同。在我看来，首先是意识阶段，你要分析当前的重点问题；或许会做些调整（整合阶段）；接下来是评估"是否值得在这个项目上花费时间"。这里要发挥想象力，设想一些显而易见的解决方案及其影响。你或许会给自己一些建议，或者问自己一些问题，例如："记住，不要接受你想出来的第一个方法。"或者问自己："我是否下意识地做出了假设？"这里对应的是华莱士提出的"准备"阶段。这个标签有些误导性，因为我们在一般情况下也总会转换到意识思维上面。

## 创意过程

| 准备阶段 | 这个阶段需要夯实基础。你要收集相关信息并分类，尽量全面地分析问题，并探寻可能的解决方法 |
| --- | --- |
| 孵化阶段 | 即深层思维阶段。你的潜意识还在继续思考，开展分析、整合与评估活动；拆分问题，形成新的组合。这里或许会用到储存在记忆中的其他内容 |
| 启发阶段 | 闪现灵感的阶段。新的想法逐渐或突然出现在你的意识里。这些经历往往在你放下问题、放松头脑的时候出现 |
| 验证阶段 | 这里需要你发挥评估能力，全面验证新的想法、洞察、直觉或解决方法。当你需要为行动提供依据时，验证工作尤其重要 |

即使我们没有主动思考，分析、整合与评估活动也可能在深层思维或潜意识中持续进行——但并不会一直这样。我们可以通过多种方式接收到潜意识的思考成果。例如，美国诗人艾米·洛威尔（Amy Lowell）曾说过："我在意识层面遇到了它们，这已经是很大的进展了。"

通过意识接收潜意识的想法远非终点，而只走了一半。在思考的过程中，其他新的创意或进展仍然会出现。

---

**致知在躬行**

"有句老话说'好的开始是成功的一半'，"有位朋友找到约翰·济慈（John Keats），问他的想法是否已经成熟时，诗人回答道，"对我来说并非如此，应该是'完成一半才算刚刚开始'。"

---

的确，有些想法和概念刚出现时就相当成熟了，但这些仅仅是个例。人们刚得到的想法往往都是不成熟的，需要你认真琢磨，进行培养、调整或修改，将新的想法或内容添加进去。制片人胡·威尔登（Huw Wheldon）曾在电视演讲中说过："电视节目是在制作过程中形成的。"

这个方法听起来似乎并无条理，甚至非常混乱。事实的确如此。对于在开始行动之前想要找到成熟想法的人来说，这种方法违背了他们一直以来被灌输的理念。但是如果你不知道接下来会发生什么，就会产生极大的兴趣和兴奋感。"我从未写过想好结局的作品。"美国诗人罗伯特·弗罗斯特（Robert Frost）曾说。创意思维应该是一次奇遇。

知道什么时候停止思考新的创意，开始专心研究一个想法，这是一种重要的判断行为。如果你准备不充分，就会在追逐毫无意义的想法上面浪费太多时间。但是如果你得到了有效的线索，也别等太久！18世纪英国著名的外科医生和生理学家约翰·亨特（John Hunter）也是一位非常有影响力的教师。他最有成就的学生是爱德华·詹纳，后者发现可以通过注射疫苗预防天花。"不要想，"亨特建议道，"直接尝试！保持耐心，别犯错！"学生用多年的时间认真观察，终于探索出了天花疫苗。

创意思维将你带到创意面前；创新让创意成为现实。让某些东西成为现实需要很多技能和知识，不仅仅局限于本书中提到的与大脑有关的内容。艺术家就是典型的例子。达·芬奇晚上躺在床上，脑海中会一遍遍地回想白天的所见所闻，以及通过"巧思"得到的各种想法。第二天早上他醒来，走进工作室时，已经掌握了制作模型和绘画的方法，并可以用余生不断精进。他或许没有将所有最初的构想变为现实，例如在直升机和潜水艇方面，他缺乏必要的技术，但他显然可以通过绘图表达出来。

如果你用自己最珍贵的时间思考，却一无所获，不如停下来。别再投入更多时间，再次分析问题，看看能否找到新的途径。你的沮丧心情通常是由下面的思维障碍导致的：

**缺少起点：** 问题和机遇看起来太宽泛，你不知道从哪里入手。如果是这样，你可以从任何一个点开始，并且随时可以改。灵感是在你开始以后才出现的。

**缺少角度：**或许问题和你的距离太近，尤其它已经在你身边存在了很长时间，让你一直在担心。试着将它放下一个星期。跟别人讲一讲会有帮助，他们或许能提供不同的视角。

**缺少动力：**你解决问题的愿望有多强烈？创意思维需要人在大量困难面前始终坚持不懈。如果你轻易将困难抛下，那么你内心深处或许缺少必要的动力。重新明确自己的目标。

**缺少建议：**你是否想寻求他人的意见？记住，创意思维是一项社会活动。


分析问题或制定目标的过程本身就是设定思维的方式。潜在的解决方法和行动路线几乎是一瞬间出现在脑海里的。如果有延迟，这说明大脑深处开始活跃起来，进行了必要的工作。

你相信深层思维吗？我所说的"相信"不是接受它的存在，或者它对某些人来说具有创造力。我是指一种个人信念。你信任自己的深层思维吗？你是否认为它有能力，并且愿意为你服务？

如果你毫不犹豫地给出肯定答案，或者谨慎地表示"但愿如此"或"我希望是这样"，接下来你就要开始行动。基本的原则是顺应自然，而不是违背它。你会看到，在自然的环境中，筹备阶段对于创意思维非常重要，包括认真细致的分析、主观想象或整合（通过头脑风暴或独立思考等途径）和积极的评估。

如果你想利用早餐之前的时间思考，那么在前一晚做好准备永远不会错。假设自己是家装设计师，正在完成木工工作、填补漏洞、涂底漆，准备第二天刷墙。

## ◼ 认真思考问题和解决方法

睡前放松地躺在床上，这是利用潜意识的创意思维思考问题的好时候。达·芬奇曾写过："夜晚躺在床上，在脑海中回想之前所研究之事的来龙去脉，或者其他值得玩味的巧思，这样做的好处是巨大的。"

当然，你很有可能在梦中得到解决办法。人为什么会做梦，这还是个谜。梦境是对真实世界中的想象力的非凡再造。有时候它会传达隐藏在大脑深处的信息，这次不是通过传真，而是隐藏在未知的图像语言中。历史上有人擅长解梦，但不一定为他人所接受。

你或许在醒来之后尝试回忆梦境的一些片段，看看可以从中获得多少建议或启示。即使梦境无法帮你解决问题，它也能够反映你的真实感受和欲望，尤其是压抑了很久的那些。小说家威廉·戈尔丁（William Golding）说："人在睡着时，所有杂七杂八的想法都会飞出来，就像大风天从垃圾箱中飞出的垃圾一样。"

你偶尔会在梦中获得有用的线索。在广播节目《荒岛电台》（*Desert Island Discs*）中，罗伊·普洛姆莱（Roy Plomley）提起了设计考文垂大教堂的著名建筑师巴塞尔·斯宾塞（Basil Spence）：

> 在设计这样庞大且复杂的项目时总会遇到困难。有一次他对我说，他正被一个技术问题所困扰，突然牙龈肿痛，于是去见了牙医。后者建议他接受局部麻醉并拔掉臼齿。刚注射完麻药，斯宾塞就晕过去了。在失去意识的短暂时间里，他清晰地梦见自己穿过已经竣工的大教堂，看见唱诗班正伴着管风琴演唱，阳光穿过彩色玻璃窗照在祭坛上——他看到了自己的最终设计。接下来，他翻阅一本自然历史杂志，看到了一张苍蝇眼部的放大照片，让他获得了穹顶的设计灵感。

梦境为何能够帮助或促使我们的深层思维进行分析、整合与评估，这仍是一个谜。它使大脑可以自由地在各部分之间随机建立关联。就像人在转动万花筒时，可以看到不同的新花样。我们不了解其中的原理。但是尽管我们不了解大脑是如何运作的，也没什么影响，重要的是它能够发挥作用。中国有句话说得好："不管黑猫白猫，能捉老鼠的就是好猫。"

我们在睡眠中能发挥创意，这仍然是个谜。罗伯特·路易斯·斯蒂文森曾提到过"那些小人儿，小小的童子军，在我沉睡时完成了一半的工作，而在我完全清醒、以为自己在做剩下的工作时，他们也在帮我完成"。

## ■ 本章要点：聆听脑海深处的声音

◉ 有一句英文谚语："我们脑中存在大量未经开发的土地。"创意思维在某种程度上就像是探索未知的土地——你脑中无边无际的宇宙。

◉ 思维的元功能（分析、评估和整合）会在整个大脑中产生共鸣。你的深层思维（潜意识）会复制这些功能。例如，它可以帮助你剖析某些事，就像胃酸帮助你分解食物一样。

◉ 深层思维能做的不仅仅是分析。它储存你的至少一部分记忆，以及隐藏过深、无法用言语表达的价值观。它还是一个小作坊，里面隐形的手艺人在帮你完成创造性整合。

- ◉ 你或许也有过这样的体验：睡着时大脑仍在思考问题，醒来后脑中已经有了结果。不妨在晚上睡前躺在床上时用几分钟的时间调整自己的深层思维。

- ◉ 你的梦境有时候会与现实直接相关。它也有可能是"睡前思考"后产生的暗示、线索或想法。或许在清醒的时候，或者在你刮胡子或洗碗的时候，脑子里会突然有了主意。

---

渔夫睡着时，渔网还在捕鱼。

——古希腊谚语

---

| 任务清单：聆听脑海深处的声音 | | |
|---|---|---|
| 回答下列问题： | 是 | 否 |
| 你是否对潜意识持有友好积极的态度？你是否期待它为你所用？ | ☐ | ☐ |
| 如果可能的话，你是否会进行"睡前思考"，让潜意识有机会作出贡献？ | ☐ | ☐ |

（续表）

| 任务清单：聆听脑海深处的声音 | | |
| --- | :-: | :-: |
| **你是否主动利用深层思维实现以下目标：** | **是** | **否** |
| 分析复杂局势？ | ☐ | ☐ |
| 重新解构问题？ | ☐ | ☐ |
| 进行价值判断？ | ☐ | ☐ |
| 你是否在早上起来时发现潜意识思维帮助你解决了问题或者做出了决定？ | ☐ | ☐ |
| 你是否把潜意识看作是计算机？记住一句计算机术语："垃圾投入，垃圾产出。" | ☐ | ☐ |
| 你手边是否有笔记本或录音设备，随时记下一闪而过或不成熟的想法？ | ☐ | ☐ |
| 你是否了解其他人的深层思维，并从中获益？ | ☐ | ☐ |

## 06

# 习惯四：保留意见

你刚刚产生了灵感，而且还没意识到它哪里不对的时候，会产生狂喜。先别急着兴奋，认真做评估，给灵感一些发展空间。随着你的兴奋感不断持续，这一灵感或许会带来新的可能性。

有创意的人习惯于将思维的评估功能与整合、想象和整体思维区分开。如果你想鼓励灵感进一步发展，不要急于给出意见——给创意的种子成长的机会。

"在创意思维方面，"大约200年前，德国诗人约翰·席勒（Johann Schiller）曾写道，"大脑智力似乎将门卫赶走了。繁杂的想法涌进来时，智力才想起来开始检查。你们这些著名的批评家，或者不管你们怎么称呼自己，对真正的创造者表现出来的暂时或瞬间癫狂感到羞愧或害怕……因此你们抱怨自己毫无成果——你们急于放弃，且过于严厉地偏祖。"

## ■ 不要急于否定自己的想法

将自我批评的门卫从思维的门前赶走！创意不应该凭借通行证进出你的大脑。我们往往在脑中设置"思维警察"，操之过急地批判或评价自己的想法。批评（尤其是否定的批评）就像春天里的白霜，会将种子和嫩芽冻死。我们如果可以放下自我批评，让创意随意地走进来，就能得到更丰硕的思维成果。

不要让评估影响到创意的流畅性。将创意单独隔开，产生尽量多的想法，直到找到最满意的一个，然后将它转变为你想要的形式。

## ■ 警惕咄咄逼人的批评者

任何理智的人都愿意接受别人的批评。朋友的一项义务就是针对你的工作（或许还有你的个人行为）提供建设性批评。如果没有这种反馈，我们很难进步。但批评要在合适的时间和地点进行。你在探索创意并开展实验时一定不适合听到批评。因此专业的创意思考者，例如作家、发明家和艺术家，很少谈论自己手头上的工作。

有些环境非常不利于创意工作的开展。大学是其中之一，这听起来或许有些矛盾。大学的一项重要职能是拓展知识的边界，因此你可以将大学看作是有创造力的科学家、工程师、哲学家、历史学家、经济学家和心理学家等人的社群。但学术界人士的遴选和晋升标准在于他们身为分析和批评学者，而不是创造性思考者的智力水平，所以这里很可能出现过度批评的氛围。

作为领导者，你应该提防这些现象，保持积极的氛围。如果团队成员包含天资聪颖、有创造力，同时又以自我为中心（甚至很傲慢）的年轻人时，这对你来说就有些棘手。

**批评的作用**

弗朗西斯·克里克加入了剑桥大学卡文迪什实验室的分子生物学小组，该小组后来变成了独立的分子生物学实验室。小组负责人是劳伦斯·布拉格（Lawrence Bragg），他曾凭借 X 射线晶体学领域的成就获得了诺贝尔奖。

克里克 30 岁时并没有突出的研究成果。但是他对团队成员说，根据自己的分析，所有人都在浪费时间，因为他们使用的任何方法都没有成功的可能。他给大家读了一篇论文——他自己的第二篇研究论文，题目是"狂热的追求"，取自济慈诗作《希腊古瓮颂》（*Ode on a Grecian*

*Urn*）。随后他继续说道：

"布拉格震怒了。新来的这个人告诉一群有经验的X射线晶体学家，他们做的都是无用功，而其中还包括开创了这个领域，并带头研究了几乎40年的布拉格本人。我对该课题的理论熟谙于心，甚至可以滔滔不绝地讲出来，但这也没什么用。不久后，在一次演讲前，我坐在布拉格身后，用嘲讽的语气向旁边的人小声批判这个课题。布拉格转过头看着我。'克里克，'他说，'别捣乱。'

"他的不满是有道理的。一群人参与一个困难重重、存在不确定性的项目，而其中一个成员一直进行负面批评，这样完全帮不上忙，只会影响所有人的信心，让他们没办法齐心协力渡过难关、取得最后的成功。但是放着光明的路不走，坚持一条不会有结果的路，仍然是徒劳无功。结局表明，我的批评几乎是完全正确的，只有一点不足。我低估了研究简单、重复的人造的肽（与蛋白质有一定关系）的作用，该研究不久后产生了一些有效信息，但我正确地预测到，只有通过同晶置换才能了解到蛋白质的详细结构。

"那时我刚开始研究生课程。我给同事们必要的警示，将他们的注意力转移到了正确方向。接下来的几年，很少有人记得这件事，或者认可我的贡献，只有贝纳尔（Bernal）不止一次地提及。当然，随着时间的推移，总会有人产生同样的想法。我所作的无非是创造了一个环境，让这个想法早点出现。我从来没有详细地写下批评意见，但那一次讲话的笔记保存了好几年。对我来说，最严重的后果是在布拉格的眼中，我是一个讨厌的人，不爱做实验，喜欢高谈阔论、指手画脚。幸运的是，他后来改变了对我的印象。"

弗朗西斯·克里克，《狂热的追求——科学发现之我见》

在上面这段话中，克里克指出了有关批评的一个事实：有时候，人要敢于挑战既定观念，并在集体施压的情况下仍然坚持批评。这种批评可以通过生动的语言表达，从而穿透成见的伪装，让其他人听见。克里克提到，别人会有意识地否决它，但它仍然有机会对集体潜意识产生影响，甚至可能改变思维方向。

## 选择有建设性的批评

年轻的历史学家G. M. 屈威廉（G. M. Trevelyan）有一次对教授说，自己想要写历史方面的书，教授立刻建议他离开剑桥，因为大学环境过于严苛，不适合培养作家。

小说家艾丽丝·默多克离开牛津大学哲学系也出于类似的原因：写小说这种需要创造力的工作在大学这种批评性过于强烈的环境中很难完成。

中学、学院、教会、工商业组织甚至家庭环境也是一样。你要与不会轻易地批判你的创意的人为伍。

你或许会说："这个简单，我不对别人说就可以了。"没错，但这样做也会妨碍你与真正善于思考的人开展有价值的对话。记住一个道理："人多力量大。"

◎ 听听别人的意见总是有用的

◎ 其他人或许有相关经验或知识

◎ 他们很有可能看出你的潜意识假设并提出质疑

◎ 他们可以引导你怀疑自己的成见以及你以为的事实

总之，你在思考时需要他人的帮助，因为思考是一项社会性活动，但是你需要的不是喜欢过度批评的人，也不是无法按照你的需要保留意见的人。

"创意是很脆弱的，"查尔斯·布洛瓦（Charles Brower）说，"一个冷笑或哈欠就足以扼杀它；一句讥讽会像刀子一样将它捅死；有些人皱一皱眉也能让它郁郁而终。"

对批评的管理与创新管理一样重要。批评需要人为塑造。如果创意没有在正确的时间得到正确的评估，组织就会犯下致命的错误，走向盲目和破产的深渊。

但是也不应过早地对创造过程进行批判性评估。有时候，创意在付诸实践或商业用途之前需要很长时间的演化。必须在创意的不同阶段让其他人来检验。好的创意经得起批判。

## ■ 本章要点：保留意见

⊙ 保留意见意味着你要在思维的分析、整合与想象功能以及评估、批评和判断能力之间临时筑起一道墙。

⊙ 其他人过早地批评会扼杀你的创意。除了管理好自己的批判思维，你还要充分利用他人批评中的积极因素，了解何时、如何躲避或获得批评。

⊙ 家庭、团队或组织环境既可以鼓励和激发创意思维，也会扼杀或压制它。后者会将价值分析与批评凌驾于原创性和创意思考之上。

-------------------------------------------

批评往往是毛毛虫与花朵的结合。

——让－保罗·萨特（Jean-Paul Sartre）

-------------------------------------------

| 任务清单：保留意见 | | |
|---|:---:|:---:|
| **回答下列问题：** | **是** | **否** |
| 你是否急于评估自己的创意或不成熟的想法？ | ☐ | ☐ |
| 你是否会因为别人的批评而过早地放弃一个不错的想法？ | ☐ | ☐ |
| 你能否举出两个例子证明其他人对你提出了建设性的建议？ | | |
| 1. _____ | | |
| 2. _____ | | |
| 你是否在别人第一次提出某个想法时难以克制地进行批判？ | ☐ | ☐ |
| 根据自己的经历，写出会将创意扼杀在摇篮中的五句话（例如"这肯定行不通"）。 | | |
| 1. _____ | | |
| 2. _____ | | |
| 3. _____ | | |
| 4. _____ | | |
| 5. _____ | | |
| 你能否承诺永远不再说这些话？ | ☐ | ☐ |

# 习惯五：善于运用类推

我们都会用到隐喻、明喻和类推。很多话语背后还存在多层隐喻。以"顾虑"（scruple）和"刺激"（stimulus）两个词为例。在拉丁语中，"scrupulus"和"stimulus"分别的意思是"鞋里的小石子"和"尖棒"。所有语言都是从图像演化而来的，而图像现在仍然是我们的思考方式。我们用比喻的手段阐释自己的想法，或者粉饰自己的意图。但创造性思考者利用隐喻和类推是有目的的：第五个思维习惯就是以类推而非逻辑的方式思考。前者较为具体，会用到图像；后者是抽象的，无法具象化。类推有一个技巧。

"隐喻"来自希腊语，原意为"转移"，通常是将一个词语的名称或修饰语转移到含义完全不同但字面意思相近的物体或行动上。

---

**日常生活中的隐喻**

对大多数人来说，隐喻是诗意的想象，也是华丽的

*EFFECTIVE INNOVATION*

修辞——它是一种非凡的语言。另外，隐喻通常被看作是语言本身的一项特征，与文字有关，与思维或行动无关。出于这个原因，很多人认为自己不需要使用隐喻也能顺畅地交流。我们的研究结论正好相反：我们的日常生活充满了隐喻，不仅在语言上，还包括思想与行动。我们赖以思考和行动的概念体系从本质上就具有隐喻性……

隐喻的本质就是通过一个事物了解和体验另一个事物。

G. 莱考夫（G.Lakoff）和 M. 约翰逊（M.Johnson），《我们赖以生存的隐喻》（*Metaphor We Live By*）

隐喻的本质是一种思维工具，是类推的精髓。类推是什么？它有两个含义：

◎ 一种推断，认为如果两个或以上的事物在某些方面达成一致，它们与其他事物也会达成一致。

◎ 毫不相同的几个事物之间存在某些相似性。

注意，类推通常表明了不同关系或属性之间存在的相似性，而不是外观。类推首先是一种假设推理的形式。在做类推时，你会依据合理的或具有可能性的推测（或假设）认为，如果某些事物之间存在相似的特征，它们还会有其他相似的特征。记住，我们每时每刻都在类推。

有两位妈妈站在校门外等着接孩子放学，两个人开始聊天。"你女儿珍妮的新男友马克与我的哥哥杰克年轻时非常像，都很擅长社交，"其中一人说，"而且他们都有幽默感。杰克是个负心汉，"她继续道，"所以我想你女儿与马克的相处也不会长久。"

"你是不是对我说过，杰克的脾气有些暴躁？"她的同伴问道。

"他的脾气太暴躁了。我还提醒过珍妮注意些，我相信马克也一样。不过说实话，到目前为止，马克乖得像一只小绵羊。"

类推作为一种推理手段一定要小心使用。所有类推在某一点上都会站不住脚。你要清楚何时该推翻自己的想法。以上面的故事为例，马克与杰克在两个方面很相似，但没有任何证据表明两人在其他方面也一样。

然而，创造性思考者的类推方法完全不同。对他们来说，类推往往能带来创意或者思考问题的新途径。

## ■ 通往创新的类推之路

站在发明家的角度去思考问题。假设你对某个问题的解决方法或日常行为感到不满，于是转动起大脑，试图想出新的主意。突然你有了个想法，或许是在专利办公室翻看其他人的专利文件时产生的。你回到家，画出草图，然后制作了一个模型。

当然，后面还有其他步骤，不过我们先停在这里。重点在于，你制作的模型或许是从"自然"中获取了灵感。的确，你可以将"自然"看作是各种模型的储藏室，等待发明家去挖掘。在《高效决策：实现创造性决策的必备思维》一书中，我提到了下面这个小测验，现在你可以尝试解答。

| 小测验 |
| --- |
| 举出创造性思考者在以下自然物的启发下创造出的发明成果： |

| | |
| --- | --- |
| 1. 人的胳膊 | 6. 蚯蚓 |
| 2. 猫 | 7. 花朵 |
| 3. 海鸥 | 8. 苍蝇的眼睛 |
| 4. 冻三文鱼 | 9. 圆锥形贝壳 |
| 5. 蜘蛛 | 10. 动物的骨骼结构 |

答案在第228—229页。

你还能想出更多例子吗？试着在纸上写下五个通过类推产生的发明。

如果你想不出来，可以参考以下几种自然现象。它们或许帮助警觉的创造性思考者取得了发明成果，你能猜出来有哪些吗？

| | |
|---|---|
| 11. 露珠 | 14. 人的脚 |
| 12. 人的头骨 | 15. 人的肺部 |
| 13. 竹子 | 16. 喉咙 |

答案在第 229 页。

## ■ 如何使用类推

英国实业家温斯托克勋爵（Lord Weinstock）在刚刚成立电视机制造工厂时，将电视机外壳的成本降低了一半以上，从而实现了重大进步。

这项创新（这的确是创新）能够实现，是因为有位聪慧的制造工程师——约翰·班纳（John Banner），他认识了苏格兰的一家教堂长椅制造商。后者找到一种特殊的装饰方法，正好适合流线型长椅。

班纳发现，他可以利用这些方法用专门的机器生产电视机外壳，在一端进行切割，像瑞士卷一样。

这体现了两个方面的创造力：首先，使用类推法——将电视机包装盒想象成瑞士卷；其次，在两个行业之间实现技术转移——这里的两个行业完全不相关（教堂长椅制造商在科学期刊上也没发表过任何内容），如果不是有人偶然发现，这种技术转移永远不会发生。

记住自然模型的一条准则：自然通常在特定环境下应对具体问题或需求。我们可以把这条准则当作蛇毒提取出来，用于解决人的问题。举几个例子，雷达是研究蝙蝠的超声回波得到的成果；贝壳的开合原理成为飞机货舱门的设计依据；豌豆荚边缘裂缝缺陷为香烟盒的开口设计提供了灵感，至今在包装行业仍然广泛使用。

---

### "不情愿"的导弹

*EFFECTIVE INNOVATION*

有位国防工业制造商制造了一枚导弹，它与发射井内部的套筒贴合紧密，导致无法推进。制造商看到一匹马不愿回到狭窄的马厩中，只能被人拉进去，于是想出了办法，用导线推进导弹。

---

解决问题的模式或许早已存在，我们并不需要凭空创造。这条准则适用于所有创意思维活动，不仅仅是新产品的发明。以人类社会为例，其中大多数准则都可以从"自然"

中找到：阶级（狒狒），劳动分工（蚂蚁、蜜蜂），关系网络（蜘蛛网）等。你如果想创建新的组织，可以在人类社会的历史和现实中找到大量现成的模式。但是要记住，这些只是类推。如果你直接照搬，早晚会造成麻烦。

## 陌生感与熟悉感的转换

新几内亚岛丛林中的原始部落第一次看到飞机时称它为"大鸟"。鸟对于他们来说很熟悉。因此当他们在接触完全陌生的事物时，第一步是将它假想为已知事物的一种特例。我们主动或下意识地将陌生事物与我们熟悉的事物进行对比，从而消除陌生感。

随着经验的积累，新几内亚岛上的土著居民无疑会发现，飞机在某些方面与鸟很像，在某些方面又完全不同。换句话说，从"大鸟"假设开始，直到这个假设开始站不住脚，这是探索新的现象并逐渐加深理解的有效方式。我们要利用类推的方法探索和理解陌生事物。

假设人类在南美洲热带雨林深处找到一种未知的动物。或许在十年内，它就会取代猫和狗，成为人类最喜欢的家庭宠物。它长什么样？有哪些主要特征？拿出一张纸把它画出来，概括出几条重点内容。

或许，这种新的动物像鼹鼠一样有着短而光滑的毛发；它的脸像考拉，身形肥胖似袋熊；它是蓝色的，胆子很小，从不在人行道上或公园里排便；叫声像猫；在看家方面比狗更在行，但在小孩子面前温顺得像一只小白兔。

你有意无意地参考了已知动物的特征。这没有错。众所周知，人类无法凭空造物。

---

**领导力的化学反应**

有一所大学面向各系部领导召开了一场研讨会，探讨领导力与管理之间的差异。会上，一名化学教授讲道：

在化学领域，两种化合物产生反应用以下公式表达：

$$A + B \rightleftarrows AB$$

如果没有催化剂，很多化学反应的进展就会很慢。在我看来，领导力相当于催化剂，可以加快工作进程。

这个道理的适用面非常广，可以简单概括为以下公式：

$$问题 \rightleftarrows 解决方法$$

管理者能在很多情况下找到解决方法，但只有领导者才能推动它的进展。这其中是有魔力的！

---

创意思维往往包含冒险精神。你要找的是新事物。从

定义上来看，如果它足够新，那么从未有人发现过它。你不可能第一次尝试就找得到。但是如果你找到相似的事物并类推，那剩下的距离就不远了。

对于创造性思考者来说，反向过程——让熟悉的事物变得陌生，同样有效。熟悉感会让人墨守成规，当我们对事物、想法和人都感到熟悉时，就不再愿意思考了。罗马哲学家塞涅卡（Seneca）曾说："熟悉感让事物不再重要。"碰到陌生、反常、有问题、不够满意或一知半解的事情时，我们会重新启动思维的马达。记住一句话：上帝将事物藏在了我们身边。

如果你想通过练习锻炼自己的创意思维能力，最好的办法就是将熟悉的事物陌生化。以你经常看到或经历的事情，或者每天发生的现象为例，如太阳的升起或下雨。准备一支笔、一张纸和半个小时的时间，思考这个现象，重点关注你不了解的方面。

家庭成员或朋友是很好的练习对象。当我们说自己认识某个人时，我们往往对他的好恶、脾气秉性有大概的了解，相信自己多多少少能预测出他的反应，认为自己了解某位亲属或朋友的行为是否反常。但是以自己为依据进行类推，是否有人对你的一切了如指掌？你能否坦率地说你完全了解自己？

"我们不了解任何人——包括他们的关切、爱恨与想

法，"艾丽丝·默多克在接受一次电视台采访时说，"于我
而言，我身边的人比我作品中的角色更加精彩。"她的意思
是，在熟悉感的外表下隐藏着一个丰富多彩的陌生世界，等
待发掘。

### ■ 练习2：善于运用类推

想象一个与个人生活或工作有关的场景，你通过类推的
方法解决某个问题，然后完成下面的步骤。

第一步：描述问题

_____

_____

第二步：进行类推（这个场景与……很相像）

1. _____

2. _____

3. _____

4. _____

5. _____

第三步：列出类推的所有结果

_____

_____

第四步：尝试利用这些方法解决某个问题

_____

_____

## ■ 本章要点：善于运用类推

◉ 类推在想象力的发挥中起到关键作用，对于创意思维尤其重要。

◉ "自然"是各种模型的储藏室，这些模型为解决问题的方法提供了基本原则。

◉ 现有产品和组织中存在其他模式或类比。车轮已经是现成的，为什么还要重新探索它的原理呢？简单的研究或许能让你不必绞尽脑汁地思考。

◉ 要想了解任何不熟悉的、陌生的、不自然的或难以解释的人或事，最好的方法是将他（它）与已知的人或事关联起来。但这不是终点。

◉ 逆向的过程——将熟悉的事物变得陌生，对于创意思维同样重要。我们不会再去探究已知事物。在这个方面，艺术家可以帮助我们从旧事物中找到新的特点。

◉ "没有人真正了解他人。"小说家约翰·斯坦贝克

（John Steinbeck）写道，"一个人能做到的最好程度无非是将别人与自己作类比。"

---

别怕迈出一大步 —— 你无法用两步跨越鸿沟。

——大卫·劳合-乔治（David Lloyd-Geovge）

---

## 08

# 习惯六：容忍模棱两可

如果你想让其他人安于现状，就多给他们一些选择。对于人们来说，在大量选择面前什么也不做往往更诱人。举个例子，地产经纪人很清楚，要想成交，一定不能给客户展示太多房源。

加拿大一位医学研究人员将一些医生分为两组，分别给两组人提供两种和三种医治病患的选择。第一组研究对象要决定采用或不采用药物治疗，其中72％的人倾向于药物治疗。但当有更复杂的选择时，比如第二组两种药物可选，这时选择采用药物治疗的人刚刚超过一半。

在《高效决策：实现创造性决策的必备思维》一书中，我介绍过一个漏斗状的决策模型，用于解释这种现象。我们最初总会面对多种可行的选择，经过层层筛选，最后会剩下两个。

作为高效决策者，你的目标就是尽快将选项筛选至两个。但是要记住：欲速则不达。

严格来说，不同的选项之间是互相排斥的。你首先要做的是检查两者是否互相排斥，因为存在两者皆可的情况。在某些情况下，你可以采用试错法，先后尝试两条道路。你也可以通过其他方式（例如创意思维）将两种选择结合起来。

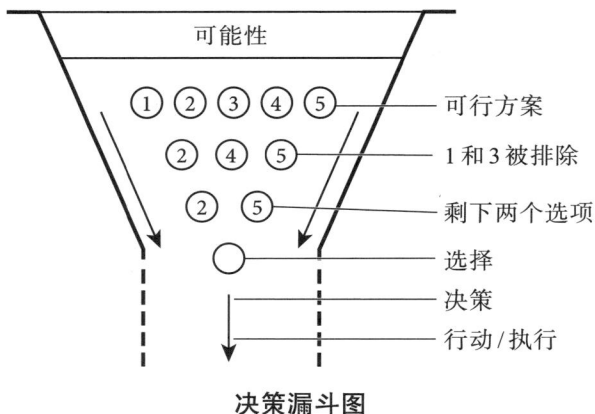

**决策漏斗图**

对于粗心的人来说，漏斗图会造成很多问题。最常见的问题或许是，他们过于草率地排除了前面所有选项，导致对于他们掌握的资源来说可行的一些方案遭到忽视或过早被放弃。为什么会出现这种情况？主要是因为所有人都不喜欢犹疑不决和不确定性。任何决策经历过长期的犹豫后似乎都变得可行。有一句阿拉伯谚语："人在'决策酒店'

里睡得安稳。"

当然在某些时候，任何决策似乎都比没有决策要好。但如果不考虑这种情况，妨碍人们在解决问题或决策方面发挥创意思维的因素正是无法容忍模棱两可。

"模棱两可"（ambiguous）源自希腊语动词，原意为"四处游荡"。如果晦涩与平淡让你陷入怀疑与不确定性中，你就会被模棱两可的情绪所困扰。世界并不是非黑即白，一切事物都是不确定的。你在犹豫。环境始终在变化，没有任何东西的含义绝对明确。总之，周围环境缺乏确定性，对大多数人来说难以长期坚持。

## ■ 练习3：做决策

请举例证明自己通过做决策终结了不确定状态。

创造性思考者的第六个习惯是比别人更加能容忍模棱两可和明显的失败。他们往往更加擅长克制草率地下结论或做决策的冲动。好主意往往是最好的创意的敌人。

你应该明白行动派与拥有创造力的人为什么格格不入。他们就像一对夫妻，双方的关系或许很紧张，但不一定存在冲突。它们具有潜在的互补性，某些重要的领域（例如工业和商业）需要两者兼备。

尽量将二选一的决策向后拖延。保持果断并不意味着你要妄下结论，而是让你在正确的时间做决策。在此之后，你可以探索可能性的"外太空"——可行的选择，以及毫无关系，甚至很"疯狂"，但令你感兴趣的东西。

## ■ 消极能力

"消极能力是指一个人处于不确定性、未解之谜与疑虑之中，却没有追寻事实和道理的急躁心情。"济慈这番话揭示了人的一项重要素质。在济慈的眼里，消极能力是莎士比亚作为创造性思考者的卓越天赋。他补充道，所有创造性思考者都有必要"满足于一知半解"。

我们看到，有些人在模棱两可的事情面前会不自在，甚至感到压力。他们急于获得确定性——任何确定性——只为逃脱一无所知的状态。他们就像一些年轻人，不愿安心等待对的人，而是草草地找个人结婚，仅仅为了脱离未婚状态。

思考有时候会带你来到一扇紧闭的门前，无论你如何用力敲，它都不会打开。在探索的道路上，似乎存在一些无法逾越的障碍，但你仍然能感知到有些东西就在前面。你感觉自己陷入了静止状态，在黑暗中飘荡，周围只有尚未解决的问题、疑虑、不确定性和矛盾冲突。你的内心充满焦虑或恐惧。焦虑是恐惧弥漫的结果，因为你无法清楚地看到令你恐惧的东西。如果你在丛林中遇到老虎，你会害怕；但是如果没有老虎，你却仍然感到害怕，这就是焦虑。

由此判断，你需要的是勇气。有勇气不代表焦虑和恐惧会消失——只要是人都会有这些情感，它是一种压制、约束或管理焦虑，让它不再将我们困住的能力。

具有创造力的人对不确定性、复杂性和明显的混乱有更高的容忍度，这些东西往往可以带来最好的结果。他们不会求助于他人，也不急于下结论或提出不成熟的解决方法。这种节制需要智慧和勇气。你要坚持长时间地忍耐疑虑、晦涩与模棱两可，这些都是处于积极环境中的消极状态。积极和消极是两个对立面，你总要面对这种内部的紧张关系。

美国历史上拓荒先驱丹尼尔·布恩（Daniel Boone）曾以大胆开拓西部边疆的蛮荒之地（现在的肯塔基州）而闻名。有人问他是否感到迷茫。"说不准，"他思索了一会儿，慢慢地回应道，"但是有三天时间我确实有些迷失方向。"作为创造性思考者，你可能从不迷茫，但会在很长时间内失去方向感。如果你的思维不知道何去何从，它只能徘徊一段时间。

勇气和坚持是一对兄弟。"我一直在思考，日复一日，年复一年，"爱因斯坦说，"前99次的结论都错了，但第100次对了。"创意思维往往（但不总是）需要不知疲倦的坚持。探索奥秘并非易事，你必须愿意坚持自己的想法，哪怕有人反对或劝阻你。

容忍模棱两可会让你更有勇气、坚韧和耐心。这些特质将帮助你在不确定性面前更容易坚持下去。"翅膀依附于鸟儿，但要带它飞翔。"

## 一些有效的策略

你面对困难的时间越久，解决它的可能性就越小。虽然创意思维要求持续关注，有时需要长达几年，但并不一定是有意识的关注。打个比方，你或许会将问题或机遇转移到一个独立的思维空间里。主动地探索深层思维后，你应该转移注意力，等待潜意识发来消息："嘿，你是否想过……？"

你应该学会给深层思维自由的生存空间。记住，它对于创造力的培养有相当大的帮助。"我写过的故事，以及其中的人物，"小说家H. E. 贝茨（H. E. Bates）说，"几乎全部来自想象，我们对大脑的想象力一无所知，它总能从细微之处得到灵感，例如窗口出现的一张脸、偶然听到的一句话、眼神中流露出的不安、海边的风声，等等。作品正是从这样明显的小事、种子刚刚发出的芽开始，逐渐成长起来的。"

如果你的深层思维开始运转，你便有可能收到友好且积极的成果。这时，你要暂时放下分析和批判思维。"被恶魔统领时，"拉迪亚德·吉卜林（Rudyard Kipling）说，"不要试图用意识思考。漂流，等待，遵从。"

　　英国作曲家乔治·本杰明（George Benjamin）生动地描绘出了创意过程："我不喜欢别人将我的作曲能力称为'天赋'。所有人都有天赋，只不过有些人还没意识到。"他说："我很幸运，身边人始终鼓励我认可自己的能力。每次作曲时，我不急于开始。最初几个星期我什么都不做，只是一边踱步一边思考。但这就是作曲：我的思维下意识地将想法整理出来，后面一下子涌现在脑中——一切发生得很自然。一首交响曲可能包含数十万个音符，所有音符相互关联。一开始，我要制定基本的规则来约束音符之间的关系，这是一项智力工作，与创意无关。但所有努力都不白费。思维以意想不到的方式将事物联结在一起。到了最后，一切都涌现出来了。"

　　思维确实会以意想不到的方式将事物联结在一起。对于达·芬奇来说，科学和艺术的世界是密切相关的。他记录科学成果的本子上有大量绘画、颜色和图像；他的绘画作品中也体现出几何和解剖学原理，以及他的独特视角。他曾经写道：

> 头脑如何发展完善：
>
> 研究艺术的科学；
>
> 研究科学的艺术。
>
> 学会观察。
>
> 意识到一切事物都与其他所有一切相关。

别忘了罗丹的话："我没有发明过任何东西，只是重新发现了它们。"你要清楚事物之间存在关联，这有助于增强你的信心。接下来的任务是鉴别、挑选和组合。

你或许已经意识到，在你的身体保持活跃，但大脑放空时，深度思维已经替你完成了一些工作。创意经常在人们散步或开车时产生。我在之前的作品中介绍过，X射线晶体学领域的创始人和人体扫描仪的发明者都是在散步时得到了灵感。身体放松时（例如乘火车、泡澡或早晨醒来躺在床上）也是一种思维高产的状态。

小说家约翰·勒卡雷（John le Carré）发现，散步是创意思考的好时机，虽然不是直接诱因。"我有很多爱好，其中一个是散步。我如果想散步却实现不了，就会非常沮丧。活动起来可以让我的大脑保持清醒。"他说，"我散步的时候从不做笔记，也会忘掉我写过的内容。但回到家时，我会清楚地知道，生活充满了可能性，甚至很美好。"

## ■ 行动起来——不要等灵感自己上门

"我能召唤最遥远的精灵。"在莎士比亚的《亨利四世》（*Henry IV*）中，欧文·格伦道尔（Owen Glendower）吹嘘道。霍茨波（Hotspur）镇压了来势汹汹的威尔士军队后回应他："这个我也会，任何人都会，可是当你召唤它们的时候，它们真会来吗？"

毫无疑问，莎士比亚根据自己的经历写出了这一幕。灵感的来去无法预测。魔法是人类企图约束或管理上帝的行为，但从未实现过。我们无法从工作成果和良好行为中获得灵感，就像罪犯希望获得减刑一样。我们似乎无能为力。

在创意工作中，等待灵感上门是不明智的。"写作必须有自己的规律，"格雷厄姆·格林（Graham Greene）在生命最后的时日接受采访时说，"如果我想潜心写作，会把它作为早上起床后的第一件事，大概在七八点钟的时候，在冲澡或刮胡子、查看邮件或者做任何事之前。如果要等到人们所谓的'灵感'找上门来，那我一个字都写不出。"

恐怖小说作家莱斯利·托马斯（Leslie Thomas）对此表示赞同。"很多人来问我：'你会等待灵感上门吗？'如果哪位小说家这样做，他一定会饿死。我通常脑袋空空地坐下来，盯着空白的稿纸思考。一旦我开始动笔，一切都顺其自然。"

这看起来似乎不可能实现，就像试图驾驶一辆加满水而不是汽油的车。但你只需给自己一些动力，哪怕前进一寸也比原地不动要好。

电灯泡的发明者爱迪生曾经将天才定义为"1％的灵感加上99％的汗水"。而在创意思考过程中，前99个小时往往毫无想法：只有无穷无尽的分析、整合、想象和评估。我们要筛选、评判、调整、改变各种原材料，并以不同的方式将它们组合起来。维多利亚女王有一次赞美世界著名钢琴家扬·帕德雷夫斯基（Jan Paderewski），称他是天才。钢琴家回答道："或许是的，女王陛下，但在此之前我只是个苦工。"

但并非所有从事智力劳动的苦工都是天才。除了在没有灵感的时候愿意动手，并日复一日地坚持以外，你还需要具备一定的敏感性，仿佛自己置身林间，所有感官保持警觉，努力捕捉划过树梢的最微弱的风。你的精神之眼或许能在深层思维中看见某些细微的活动，像一片落叶搅动了看不见的空气。灵感的体验不是静止，不是让未燃尽的木头重新发光的气息，也不是只溅出一点水花的不成熟的想法，而是三种现象的结合。

德国诗人歌德的说法更加形象。"最坏的结果在于，你最努力的思考没有任何成果，"他写道，"创意本应像上帝的乖孩子，来到我们面前大喊：'我们来了！'但它们从未主动出现过。你投入大量精力绞尽脑汁地思考。就在你要放弃的时候，创意将手插在口袋里悠闲地走来了。但是如果你没有作出开门的努力，谁会知道它就站在门口呢？"

詹姆斯·瓦特（James Watt）的一次经历完美印证了歌德的说法。瓦特发现，他在格拉斯哥大学研究的纽科门蒸汽机压缩机非常低效。它每次都要先将蒸汽灌进气缸里，然后用水冷却，将蒸汽压缩，在活塞后形成真空，通过空气压力推动活塞的运动。根据瓦特的计算，这种先加热后冷却的过程浪费了四分之三的蒸汽。因此他意识到，如果能避免这一损失，他可以将燃料消耗降低一半以上。他用两年时间研究这个问题，却始终没有答案。在一个星期天下午，他正在外面散步：

> 我走过一片绿地，经过旧的洗衣房。当时我正在琢磨蒸汽机。走到羊圈时，我脑子里突然有了主意：蒸汽不是静止的一团，它会被吸进真空里，如果能在气缸上连接一个抽气筒，蒸汽就可以进入气缸并被压缩，不再需要冷却了……还没走到高尔夫球场，我的思路就完全清晰了。

"像长脚蚊停留在水面，它的大脑在静寂中运转。"弗罗斯特这句很有画面感的诗作体现出，创意思维需要安静和独处，如在乡村小路上漫步。如果你怀有期待或信心，这也会有帮助。我们都有创意思考的能力，这点毋庸置疑，所以我们已经走了一半多的路程。只有相信空气中弥漫着词汇和音符，才能将乐器调至正确的音调。灵感会在正确的时间和地点出现，我们要做的就是准备好，因为灵感与机遇一样，只偏爱有准备的头脑。相反，恐惧、焦虑或担忧等负面情绪与信任是对立的，会将你所期盼的东西推得更远。诗人雪莱（Shelley）说过："冬天来了，春天还会远吗？"

## ■ 本章要点：容忍模棱两可

◉ 懂得将问题暂时放下，这是一项重要的创意思维技能。如果你相信自己的潜意识思维将接管思考工作，就更容易了。

◉ 即使创意（或一些迹象）开始出现，你也要抵制主动思考的诱惑。增强意识、保持远观，有助于创造正确的思考氛围。

◉ 所有创意思维都是从看见或制造关联开始的。万物之间相互关联，只是我们的思维无法看清一切。此外，我们要根据不同领域的标准从大量可能的组合中挑选。这种关联是否简单？是否真实？是否美好？是否有效？是否可行？是否有商业价值？

◉ 消极能力是一个人能接受自己长期处于怀疑与不确定性之中的能力。"人们无法发现新的大陆，"法国小说家安德烈·纪德（André Gide）说，"除非他们愿意长时间放弃寻找海岸。"

◉ 我们都应该提高对模棱两可的容忍能力。生活本身就不是完全容易理解的，其中有很多未解之谜。随着我们年龄的增长，未知领域也在扩展。

◉ "没有耐心的人就像没有油的灯。"古典吉他手安德烈斯·塞戈维亚（Andrés Segovia）说。创意思维是一种积极活跃的耐心。等待秩序从混乱中崛起。你需要在它到来的时候请来一位"助产士"。

永远也不要将你的观点强加于问题。你要做的是认真研究，时间一到，解决办法就会自动出现。

——阿尔伯特·爱因斯坦

121

| 任务清单: 容忍模棱两可 | | |
|---|---|---|
| 回答下列问题: | 是 | 否 |
| 在排除大多数选项的过程中,你是否过于草率? | ☐ | ☐ |
| "我很讨厌无法尽快做决策的人。"你是否同意这句话? | ☐ | ☐ |
| 你能否举出长期处于不确定性状态中的三个负面影响? | | |
| 1. _____ | | |
| 2. _____ | | |
| 3. _____ | | |
| "有时候,好主意是最好的主意的敌人。"你是否认同? | ☐ | ☐ |
| 你能否放弃琢磨棘手的问题,把它交给深层思维去处理,并设定时限? | ☐ | ☐ |
| 你是否会主动培养自己在思考上的耐心和毅力? | ☐ | ☐ |
| 如果处于一知半解、不确定或怀疑的状态,你是否会在九个点之外寻找可能的关联? | ☐ | ☐ |

## 09

# 习惯七：创意银行

假设你的思维是一所银行，你经常亲自从中取钱或签支票。但是你必须努力赚钱、增加储蓄，否则账户迟早会被掏空。你存入的现金或支票似乎与取出的毫无关系，到了银行金库里，它被丢进一个炖锅，煮成一种可用的思维货币：创意、数据或印象的组合，可以为创造性思考者所用。

本章将探讨智力银行的"存储业务"。它在很大程度上是一个自然的过程：如果你的眼耳保持灵敏，你会获得大量信息，就像鲸鱼吞下浮游生物一样。但是艺术源于自然。创意银行下面还包括六种更为具体的习惯：

◎ 好奇心

◎ 观察

◎ 聆听

◎ 阅读

◎ 旅行

◎ 记录

本章重点探讨思考者的思维方法或长远未来，而不是解决某个具体问题的方法或提示。如果你没有按照本章的方法为自己或自己的大脑投资，创意银行的余额就会越来越少。农民如果不耕地，如何期待收成呢？你要采取具体策略或长期方法，为思维备足原料，让它为你效劳，特别是在创意的管理上。

## 好奇心

索尼公司创始人盛田昭夫（Akio Morita）曾经在接受采访时说："我的主要工作是在政府和学校激发出人们的好奇心以后，进一步搅动或重新点燃它。"好的管理者永远都有一颗好奇心。

如果我们处于拿破仑的位置，在滑铁卢那场惨败后，我们可能会陷入一种自闭的抑郁或绝望中。但拿破仑没有。战败之后他便退位，自愿被流放至美洲。但是到了罗什福尔，他发现港口被封锁，于是决定加入英国海军，登上了柏勒罗丰号战舰。这是他第一次进入几年前在特拉法尔加击败了法国的英国海军战舰，对他来说是一种新的体验。当时身边的一个英国人注意到："他特别好奇，每看到新鲜的东西便立即询问它的用途，然后提出更深入的问题。"

> 好奇心是活跃思维的一种永恒且明确的特征。
>
> ——萨缪尔·约翰逊（Samuel Johnson）

好奇心是求知者的一种强烈欲望。创造性思考者拥有好奇心，因为他们要接收来自很多不同地方的信息。例如，小说家威廉·特雷弗（William Trevor）将自己看作是人类本性的旁观者。"你应当喜欢别人，对他们保持好奇。"他说，否则在他看来是写不出小说的。

当然，这里的好奇心与"好奇害死猫"的概念是不同的。后者是指以令人反感或骚扰的方式窥探别人的思想，或干涉他人的私事。真正的好奇心仅指学习新知识的强烈欲望。这种客观的求知欲可以成为一种习惯。达·芬奇常常把"我质疑"挂在嘴边。

有些人认为，教育的最高目标是培养求知欲。"教学的艺术，"法国小说家阿纳托尔·法朗士（Anatole France）写道，"仅仅在于唤醒年轻人天生的好奇心，好让他们在日后予以满足。"

"越来越好奇，越来越好奇！"梦游仙境的爱丽丝大喊。大多数时候，引起我们好奇心的仅仅是一些稀奇古怪的、罕见或陌生的东西，这些东西通常不值得深究。我们要做的是有选择性地好奇。

　　"思考是弥补教育缺陷的一种途径。"哲学家吉尔伯特·赖尔（Gilbert Ryle）在《论思考》（*On Thinking*）一书中写道。当然，它的意义不在于自学感兴趣的内容。思考无法在课上传授，因为它不是一门知识。"我在思考的东西或许天使早就知道了，它可以教我，"赖尔继续道，"但事实上没有人教过我。所以我要思考。我要学会游泳，因为登不上别人的船。我要思考，正如我要游泳，都是为了我自己。没有人可以帮我完成。"

■ 练习 4：你的好奇心有多强烈？

　　你现在对什么东西最好奇？将排在前三位的人或事物写下来。

|  | 1 | 2 | 3 |
|---|---|---|---|
| 历史人物 |  |  |  |
| 国　家 |  |  |  |
| 职　业 |  |  |  |
| 你认识的人 |  |  |  |

（续表）

|  | 1 | 2 | 3 |
|---|---|---|---|
| 爱好或活动 |  |  |  |
| 语　言 |  |  |  |
| 其　他 |  |  |  |

## ■ 培养敏锐的观察力

"我对人和事物的进化原理很感兴趣。"肖像画家格雷厄姆·萨瑟兰（Graham Sutherland）在接受采访时说。他表示自己总想抓住客户的核心特征。"我需要像猫一样有耐心和警觉性。"他可以从人的脸上看到成长和挣扎的痕迹，就像岩石粗糙的表面，或者山峦不规则的起伏。"我的脑子里有太多想法，想要一吐为快。时间根本不够用。"他补充道。

用"一吐为快"来形容给人画肖像似乎有些怪异。但对艺术家来说，仔细分析和观察只是工作的一部分。创意和情感在灵感的驱使下会融入绘画中。艺术家的所知所感与他的所见结合起来，最后的成果便是图像。"绘画是盲人的职业，"毕加索说，"他所画的并非他眼见的，而是他感受到的，是他对所见的一种解读。"这个道理没错，不仅仅符合毕加索自己擅长的艺术种类，还适用于格雷厄姆·萨瑟兰等人的现实主义作品。

## ■ 练习5：开发你的感官

具有创造力的人会将感官变成触角。我们大多数人在使用一种感官（大多为视觉）的同时会将其他感官封闭起来。通过下面的练习，你可以开发多种感官。

视觉　◎ 在花园里找出20种不同的颜色。

　　　◎ 在纸上描写你上一次旅行的目的地。

听觉　◎ 写出你在一分钟内听到的五种不同声音。

　　　◎ 你在喧嚣的购物中心能辨认出多种声音吗？

触觉　◎ 闭上眼睛，触摸周围的物体。试着辨认不同纸张的触感。

味觉　◎ 将眼睛蒙住，品尝两种白葡萄酒。试着描述你最喜欢的葡萄酒种类。

嗅觉　◎ 想象和回忆你最喜欢的几种味道。这些味道最常在哪些场合出现？

通过眼睛观察到的东西经过创意思维的处理会经历不同程度的转变，与其他要素结合后变成了新的创意，在兴趣的熔炉中不断酝酿。但有一个前提：观察结果一定要清晰、准确和真实。创造性思考者要像大厨一样，用最好的材料烹饪。

演员劳伦斯·奥利弗（Laurence Olivier）在打造角色的过程中发挥了自己的创意。"我像一个拾荒者，"他说，"观察得很仔细，有些细节能在脑中存储长达18年。"劳伦斯在受邀出演莎士比亚戏剧《理查德三世》（*Richard III*）的主角时，想到了20世纪30年代百老汇的著名制作人杰德·哈里斯（Jed Harris），他曾在哈里斯手下有过不快的经历。哈里斯的鼻子很大，奥利弗将这个特点用在了新角色身上；还有他在迪士尼电影《木偶奇遇记》（*Pinocchio*）里的大灰狼身上看到的阴暗面。记忆中的电影给了他很多灵感。他在饰演夏洛克时跳的舞借鉴了希特勒在1940年法国签署投降条约时开心地跳起来的爱尔兰吉格舞，当时的画面登在了德国报纸上。

观察是一项技能。通过观察，你至少能看到摆在面前的东西。科学家都知道，观察并没有听起来那样容易，要保持完全客观几乎不可能。我们看到的往往是已经知道的东西，其中确实也有一定的创造空间。居斯塔夫·福楼拜（Gustave Flaubert）曾写道："所有东西都有继续探索的空间，因为我们往往不会用自己的眼睛，而是透过他人观点的有色眼镜去观察。"

### ■ 练习6和7：检验自己的观察能力

练习6：选择下个星期要负责的某项工作，例如在店里摆放货物，或者提供客户服务。认真观察，收集相关数据，像科学家研究沙滩或蝴蝶一样。不要试图下结论，这一练习的目的只是提高观察能力。

练习7：下次到火车站时，写出你看到的五件闻所未闻的事。

每个人的大脑都有自己的设定，会特别注意某些事，或许与个人的兴趣有关。举个例子，植物学家会特别注意观察植物。如果我们经常见到某些人或事，便不太可能认真观察，除非某些我们感到熟悉或意料之中的东西发生了变化，偏离了原有标准，让人很难视而不见。优秀的观察者会尽量保持客观，但他们也会不可避免地根据目标或原则选择观察方向。除了别人或自己定下的目标，你还要对其他偶然现象保持敏感。

训练观察能力的一种有效方式是绘画。开始观察之前准备好纸笔，从观察对象中选出最主要的线条，勾勒出他

（它）的轮廓。你要培养认真分析的注意力。或许你没办法像专业画家一样准确画出观察对象，但是别担心，这不是你的目的。画图只是一种辅助手段，让你能够看清周围的世界。

这种草图（无论粗糙还是细致）将帮助你增强对世界的认知，同时加深印象。艺术家诺曼·瑟尔维尔（Norman Thelwell）在自传《架在我脖子上的磨石》（*A Millstone Round My Neck*）中提出了下面的观点：

> 我用笔将看到的东西记录下来时，仿佛对世界的认知极大地增强了。草稿和绘画，哪怕是寥寥几笔，都能帮助我回忆起某一天和某个地点，甚至具体的时刻、声音和味道。如果没有它们，我不会记得任何东西。我还保留着小时候画的画，看到它们时，我还能想起来哥哥对我说过什么，妈妈当时在做什么，我在工作的时候电台里播放的内容，以及我当天的心情。

我们所使用的信息有70%是通过眼睛看到的。所以，你要进一步强化视觉，培养观察细节的能力。细节才是创意思考的基础。

## ■ 聆听别人的想法

"你听不见我对你说的话。"莎士比亚笔下的大法官对福斯塔夫（Falstaff）说。

"很好，大人，很好，"这个老流氓激动地说，"不瞒您说，我患的是听而不闻的病。"

很多人都不擅长聆听，但创造性思考者不会。尽管我们对福斯塔夫的创造者一无所知，但我们至少可以确定他是一个优秀的聆听者。

优秀的聆听者有哪些特点？首先要有好奇心，有学习的欲望，这是最重要的。还要保持谦逊，这是开放思想的关键。如果你认为自己无所不知，或至少觉得自己比聊天对象懂得多，你就很难认真听对方说话。

保持思想开放并不能保证你会接受别人的想法、建议或行动路线，但至少让你置身于创意的市场环境中。如果价格合适，你就会愿意买单。接下来，你要控制自己的分析和批判冲动，首先要充分理解别人的意思。记住一句土耳其谚语："听比说更需要智慧。"

## ■ 阅读

阅读不思考，好比吃饭不消化。认真阅读一页纸甚至一段话，比仓促读完一整篇文章的效果还要好。电影界大亨山姆·戈德文（Sam Goldwyn）曾对一位有前途的作家说："我仔细研读了你的一部分作品。"读到重要的部分（与你产生共鸣的内容）时，记得《公祷书》中的一句话："阅读、批注、记住，然后消化于内心。"

## ■ 练习8和9：检验自己的阅读能力

练习8：过去两年你读过的最有启发性的作品是哪本？你会划出其中的重点段落吗？对你来说，一本书是大量词语还是想法（各种大大小小的、对你来说熟悉或新鲜的）的组合？

练习9：与朋友到最近的公共图书馆，找到纪实文学区。让朋友蒙住你的眼睛，将你带到书架前，随机挑出三本书。回到家读完这三本书，写下每本书的核心思想——每本书不超过五个。

一本好书会在作者和读者之间建立强大的关联。这是一种独自进行的交流：你要针对与其他人无关的话题进行独立思考；作者负责将你引到有营养的食物和新鲜的水面前，并鼓励你服下。读书提供了与自己对话的独特环境，一本好书可以触及你的意识深处。

你不需要从头至尾慢慢阅读，可以粗略地跳着看。"我的阅读速度比较慢，"艾萨克·阿西莫夫（Isaac Asimov）说，"但理解速度很快。"你要认真品味书中的内容，然后选择自己感兴趣的部分咀嚼消化。但不要操之过急，如果你认为读到的一切都是对的，那还不如不读。

读书有助于激发和培养创意思维能力。一本好书会激发你的工作动力。你如果决定将别人锻炼身体的时间和精力用于磨炼思维，就会倾向于探索书中的世界。

■ 旅行

> *EFFECTIVE INNOVATION*
>
> 旅行就像赌博，永远有得有失，我们至少希望得到的比期待的多。
>
> ——歌德

下面我会用两个案例证明旅行如何在商业环境中激发创意和创新。20世纪20年代，西蒙·马克斯（Simon Marks）

来到美国，研究当地的零售贸易。他发现，美国农民几乎没有时间或机会到商店购物。相反，他们会订阅希尔斯零售公司的商品目录，在这里能得到"无理由退货"的保障。公司提供该服务意味着创造了新的技能，例如要求供应商达到新的效率标准。在当时，希尔斯进一步作出调整，将店铺设在城市周边的郊区，面向广大的城市新兴市场。1924年，马克斯回到英国，效仿希尔斯的做法重新改造了玛莎百货公司，开始以低价提供高质量产品，同时保证"无理由退货"。

几十年后，特伦斯·考伦（Terence Conran）对英国的家具商店感到不满。买家具的过程为何如此枯燥、循规蹈矩？店面陈列为何这样糟糕？为什么销售人员都不开心？他想了很多。"变革的灵感，"他说道，"来自我在旅行期间的所闻所见。在我看来，法国的市场和五金商店都有令人着迷和兴奋的地方。我将这些创意与英国的市场需求结合起来，创立了第一家哈比特家具店。"

换句话说，你可以用旅行的方式滋养和激发对生活的好奇心。现在要做的是表现出冒险的意愿，培养探索的热情。

"旅行的目的不在于踏上陌生的土地，"G. K. 切斯特顿（G. K. Chesterton）说，"而是将自己的国家当作陌生的土地去探索。"创造性思考者要探索没人想到的东西，就要站在陌生人的角度看待自己熟悉的环境。旅行（尤其是探险）提供了一种办法。

## 练习 10：你是哪种类型的旅行者？

你的冒险精神有多强烈？将过去五年的每一次旅行写下来，包括度假和出差：

1. _____

2. _____

3. _____

4. _____

5. _____

根据上面的结果，你是否认为自己具有探索新事物或未知领域的爱好？在下面的表格中写出你在未来五年希望获得的新体验以及旅行计划：

|  | 体　验 | 国家 / 地区 |
|---|---|---|
| 1. |  |  |
| 2. |  |  |
| 3. |  |  |

**日本成功的秘诀**

在本书中，我想与大家分享一个秘密，它是我在马来西亚的一场国际会议期间偶然发现的。我与日方发言人的交流越来越密切。终于，在一个欢聚的夜晚，我大胆地向他提问："你们为什么允许大量西方人参观你们的工厂，去窃取完善产品的技术？为什么允许我们研究你们的创新成果？你我之间可是竞争关系。"我的日本朋友微笑着回答说，答案很简单。应我的要求，他写了下来。答案如右图，全球仅此一份：

貴方には出来ないでしょう。

如果你不懂日语，我在第140页给出了翻译。

## ■ 记录

经验的不便之处在于，我们会忘记很多学到的东西，尤其是记性不好的人。实际上，在生活和学习中，我们所有人都不得不忘掉很多东西。不幸能够记住一切将是可怕的折磨，也会给学习新事物造成巨大障碍。但是，我们如何保证将重要的想法或信息保存下来，在未知的将来为我们所用？

"这一刻的恐惧，"皇帝继续说，"我永远，永远也忘不了！"

"你会忘掉的，"皇后说，"如果你不记在本子上。"

刘易斯·卡罗尔（Lewis Carroll）在《爱丽丝梦游仙境》（*Alice in Wonderland*）中写下的这些话也适用于创意思维领域。哲学家托马斯·霍布斯（Thomas Hobbes）身上永远带着一个笔记本。"一旦有想法冒出来，"他说，"我就会记在本子上。"你现在可以去买个新的笔记本，记录下想法、谈话内容、文章或书中的某句话、观察结果或者一句格言，供现在或将来使用。写在本子上！

> *EFFECTIVE INNOVATION*
>
> 你最好放一支笔在口袋里，随时记录自己的想法。那些不请自来的想法往往是最有价值的，应当记下来，因为它们几乎不会出现第二次。
>
> ——弗朗西斯·培根

你或许有过这样的体验：深夜醒来时突然产生一个想法，你觉得这个想法非常不错，于是告诉自己一定要记住；结果它像梦一样，你第二天早上醒来什么都记不住了。你应该在床头准备纸笔，或者随身携带一个小笔记本，这样你在等人或者坐车时也可以记录下一闪而过的想法。晚些时候，你可以将这些潦草的笔记抄写到正式的本子上。

将笔记本作为创意思维的工具，需要遵循两点原则。首先，按照事件发生的顺序记录。给每个事件取一个短标题，可以加上日期。不要将每件事记在松散的卡片上，然后按照字母顺序整理、标注索引和交叉索引。如果你是科学家，这样做没什么问题；但是如果你想培养创意思考能力，这就不是个好办法。

第二个原则是让你的直觉来判断哪些事值得记录。将你认为有启发性、有趣或难忘的东西写下来。在这个阶段，不用顾忌它是对是错，你觉得有趣就够了。晚些时候（几个月后）你可以按照需要做些调整，但首先要确认这些内容是否能激发你的兴奋感或浓厚的兴趣。莎士比亚曾写道："没有乐趣的地方便没有收获。总而言之，你要研究能打动你的东西。"

---

一本摘记簿中记录了大量有关边防的内容，它的主人可在收到警告后派出军队。

——托马斯·富勒（Thomas Fuller）

　　别太频繁地翻看笔记本。根据我的经验，用上面的内容帮助开展创意思考的最佳场合是在火车或飞机上，在机场候机时，或者度假期间，这时你的大脑是清醒的，没有日常事务的烦扰（除非你出于特定目的需要参考笔记内容）。

---

**日本人的秘诀译文**

*EFFECTIVE INNOVATION*

"你做不到！"

这让我想起了拉迪亚德·吉卜林的一句话：

他们将所有能抄的东西抄过去，

但是无法抄写我的思想；

而就在他们拼命窃取我的想法时，

我已经将他们甩开了一年半的时间。

摘自《玛丽·格洛斯特》（*The Mary Gloster*）

---

■ **本章要点：创意银行**

**好奇心**

　　◉ 好奇心是观察、学习或求知的强烈欲望，是一种求知若渴的思维状态。

　　◉ 创造性思考者往往有好奇的习惯，愿意主动搜寻自己感兴趣的东西。

◉ 思考是亲自探索解决办法的一种途径。如果你已经知道结果，就没什么值得好奇的了。

### 观察

◉ 对于你认为重要的东西，你要有细致观察和认真分析的能力。如果你不愿意观察，就无法思考。

◉ 你所观察的人、物体或场景是之前从未见过的。

◉ 在你记录下观察结果辅助记忆之前，观察行为不算完成。

### 聆听

◉ 孩子般的好奇心和开放的思想，加上敏锐的分析和判断能力，这些是成为好的聆听者的必要前提。

◉ 对于别人说的话，你要努力把握其中的内容和意义。通过提问让他们把意思表达完整。在评估其作用之前，你首先要理解它。

◉ 认真聆听别人的想法，无论是否不完整或模棱两可；留意可能具有相关性的事实和信息。

### 阅读

◉ 如果书本内容不需要你保持警觉的思维和强烈的求知欲，那么它不值得阅读。

◉ 书本中记录了大量观点、想法、事实、意见、说明、信息和梦想。其中有一些（不考虑它本身的背景）或许关系到你目前（或未来）的思考兴趣。

◉ "阅读之于大脑相当于锻炼之于身体。"剧作家理查德·斯梯尔爵士（Sir Richard Steele）写道。阅读诗歌与散文（事实或虚构的内容）需要你发挥想象力和再造能力，它们提供了培养这些能力的轻松方式。

## 旅行

◉ 在旅行和探险途中，你有机会见到陌生事物，并看见它与已知事物之间的关联，从而拓展知识面。它能够帮助你拓宽眼界，不受视野的局限。

◉ 通过旅行，你还可以将熟悉感转为陌生感。如果一个人从未踏足陌生的国度，便无法真正了解自己的国家。

## 记录

◉ 身上常带一个笔记本，这是个好习惯，是创意思维的必要工具。

◉ 将书中的引用或段落抄写下来，或者记录某个事实或信息，有助于你事后回想，并内化为自己的观点。

◉ 将笔记本看作万花筒。如果你觉得脑中出现了一些创意，不妨将万花筒转一转。你可以尝试多种新的组合和关联，或许会产生新的创意或灵感。

---

阅读的作用是帮助我们思考。

——爱德华·吉本（Edward Gibbon）

---

| 任务清单：创意银行 | | |
|---|---|---|
| **回答下列问题：** | **是** | **否** |
| 读完本章后，你能否列举出增强好奇心的三种方法？ | □ | □ |
| 三个月后，你或许有机会坐在陌生人旁边用餐。你会问他哪些问题？ | | |
| 1. _____ | | |
| 2. _____ | | |
| 3. _____ | | |
| 4. _____ | | |
| 5. _____ | | |

（续表）

| 任务清单：创意银行 | | |
|---|:---:|:---:|
| **回答下列问题：** | **是** | **否** |
| 你是否认识比你更具观察力的管理者？你从他／她的观察结果中收获了哪些益处？ | ☐ | ☐ |
| 过去一年中，是否有人说过你是好的聆听者？ | ☐ | ☐ |
| 你是否是积极的聆听者，通过提问撬开坚硬的贝壳，探索宝贵的珍珠？ | ☐ | ☐ |
| 你是否通过读书保持思维活跃？ | ☐ | ☐ |
| 你是否通过读科幻小说培养和拓展想象力？ | ☐ | ☐ |
| 你是否以旅行的方式丰富自己的思想，从而提高工作效率？ | ☐ | ☐ |
| 休假时，你是否会选择有助于放松身心的地点？ | ☐ | ☐ |

◀ 第三部分 ▶

# 将创新作为管理目标

如今，创新成为所有组织的命脉。除了对积极开展变革毫无兴趣之外，没有任何东西能够阻止公司及其员工的前进动力。没有人可以原地不动：要么前进，要么后退。

创新需要将创意、团队合作和领导力结合起来。除了创造力和完成工作的能力外，它还要求良好的商业或创业意识。创新应以客户和创意为导向。因此，创新项目的成功取决于个人素质和整个组织的氛围或方向。

读完第三部分后，你将：

◉ 清楚了解如何在任意一种组织环境中管理创造力。

◉ 认真研究建立和长期维护有利于创新氛围的组织，掌握它们的本质或关键特征。

◉ 了解激发和收集组织创意的主要方法（例如"头脑风暴"），以及将这些创意推向市场的建议。

# 10

# 如何管理创新

作家约翰·科利尔（John Collier）说："我们需要对普通人（而非天才）给予深刻的激励，激发他们的创造性并培养他们的潜力。"

不要因为员工缺乏兴趣或创意而责怪他们。工作中没有缺乏上进心或创新能力的人，只有不合格的管理者。正如约翰·布坎（John Buchan）所说，你的任务"不是教人变得优秀，而是激发他们的优秀之处"。实现团队和组织转型，让每个人意识到自己的优秀，这是你身为领导者所面临的巨大挑战，或许也是实现自我成就的一个主要途径。

与在流水线上生产产品不同，创新过程不可见，也不具体。但它可以被明确感知到。我认为它可分为三大部分，或者说三个要素或阶段，详见下页表格。

它们的共同因素是什么？团队合作。团队是一个工作组，其成员具有互补的技能，可以像拼图一样契合，并产生协同作用——这种集体行动的效果大于每个人的独立行动之和。

◎ 创新

◎ 创意思维赋予它可能性

◎ 团队将它实现

### 创新的三个阶段

| | |
|---|---|
| **产生创意** | 让个人和团队贡献有关完善现有产品、流程和服务的创意，并产生新的创意 |
| **收集创意** | 再次让他们参与创意的收集、筛选和评估 |
| **推进和实施创意** | 让团队进一步负责推进和完善创意，直到客户满意 |

## 领导创新团队

团队需要领导。你作为领导的核心职责是什么？

"一张图抵得过千言万语。"领导者的职责可用下面的"三环"模型来概括：

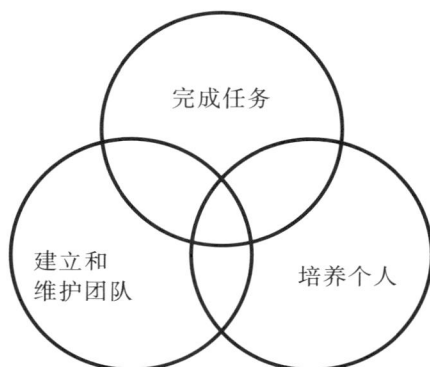

**领导者的职责**

为了履行"三环"中的责任，领导者必须承担某些关键职能。责任属于领导者，但这并不意味着他们事必躬亲。这些责任可以通过各种方式分担或委派。

下表不是一成不变的，因为现实的情形多种多样，但这些都是必要的常规职能。有必要再次强调一点，并非所有职能都要由领导者从一而终地执行。要建立一个至少有三到四个成员的小组，让他们负责大部分工作，满足任务、团队和个人的要求。任何人都无法独立完成。但是领导者要对这"三环"负责。所有这些加在一起共同构成了领导者的一般职能，也就是你的职能。

## 管理层的核心职能

| | |
|---|---|
| **明确任务** | 明确需要完成的总体任务，并分解为小的工作 |
| **做规划** | 制定完成任务的有效方法，协调人力、物力、时间和资源，确保实现目标 |
| **分配任务** | 将任务和资源分配给下属，确保每个人明确自己的任务，了解自己的重要性 |
| **管　控** | 确保工作按计划进行。对问题和延误保持敏感并迅速应对。协调团队的工作 |
| **评　估** | 对建议、以往业绩和人员作出准确而有见地的判断 |
| **激　励** | 培养并维持团队对任务的忠诚度和兴趣 |
| **组　织** | 针对具体任务建立适当的结构和层级 |
| **设立标杆** | 针对员工希望看到的价值观和行为作出榜样 |
| **支　持** | 鼓励团队和个人，培养和维护积极的团队精神 |

为了高效地与人打交道，你必须花点时间去了解每个人，了解他们之间的异同之处。这个人与其他人有何不同？在创意思维和创新的环境下，这一问题显然是至关重要的。

在创新环境中使用"三环"模型之前，你只需思考一个基本问题：共同的任务是什么？

试着将答案简化为两个词：一个动词加上一个名词。例如，铅笔的功能是"做标记"。这打破了原有的思维习惯，将思路拉回到了基本问题上，并把重点放在了功能上，而不是"我们一贯采用的方式"上。

但是，将这一规则应用于你的组织中或许并不容易。如果规则过于笼统，你就有可能忽略自己擅长的领域；而如果过于具体，你或许会错过创造性发展和创新的领域。

一家美国园艺产品和服务公司用一年的时间在两个使命宣言——"制造肥料"和"保护草坪"的选择上犹疑不决。他们最终选择了第二个，随后便开始投资购买各种化学品的生产设施和工具，帮助客户保护草坪。这与他们最初从事肥料生产的设想并不一致。

如今，所有工作的性质都发生了改变。现在客户（表面上或暗地里）要求公司更好、更快、更低价地满足自己的要求。因此，对于变革和创新的需求已经融入了公司业务的方方面面。

汤姆·特纳（Tom Turner）来到历史悠久的皮革制品公司"斯蒂克顿－莱西有限公司"担任生产经理，他发现公司的任务是实现生产目标，于是加上了一条：提高产品的质量和成本效益。

但是，创造和维持创新需要采取更多措施，远远不止前面的"管理层的核心职能"表格中所列出的一般工作。老实说，表格内容的确概括了当今的管理者必须具备的能力，但是为了打造创新团队（这是未来业务的关键），你还需要开展更多活动，可归纳为以下五个方面：

◎ 选拔有创造力的人
◎ 鼓励团队的创造力
◎ 借鉴其他人的创意
◎ 围绕创新进行沟通
◎ 克服创新的障碍

■ 选拔有创造力的人

有创造力的人会被创意环境和机遇所吸引。因此，作为管理者，你需要确保组织拥有正确的氛围来吸引他们，并面向就业市场或目标人选宣传这种氛围。

■ 练习11：选拔有创造力的人

你要针对特别需要创意的岗位选拔人员。这一岗位需要新鲜的想法和创新精神。按重要性顺序排列以下个人素质：

| | |
|---|---|
| 计算能力 | 优秀的分析能力 |
| 不注重细节 | 思维灵活 |
| 好奇心 | 怀疑态度 |
| 表达能力 | 以成果为导向 |
| 敏感度 | 幽默感 |
| 兴趣广泛 | 有毅力 |
| 有热情 | 自信 |
| 独立 | 不随波逐流 |

列举出其他三个你认为比较重要的素质。

著名的探险家戴维·利文斯通博士（Dr David Livingstone）在非洲工作时，几位朋友写信给他："我们想给你派些人手。到你那里有没有好走的路？"

据他的家人后来说，利文斯通回信道："如果你派来的人只挑好走的路，那么我不需要他们。我需要的是即使无路可走也愿意来的人。"

打造任何团队的第一步都是选择合适的人。如果你要鼓励并保持创新，这一点必须牢记。就像利文斯通一样，你应该特别关注更具冒险精神且独立的人。

创新型组织必须注重吸引有创造力的年轻人。当然，对于需要行动者（把事情做成）而不是思考者的行业来说，光有才智还不够。创意不少，而真正的问题在于，你的团队或组织中是否有愿意将创意付诸实践（换种说法，就是创新）的人？"给我介绍个年轻人，"罗伯特·路易斯·史蒂文森说，"我要那种大智若愚的人。"

### 了解自己的优势

创造性思考者的整合、想象和全面思考能力显然超过了其他人。但其中最优秀的人同样具有强大的分析能力，以及评估或判断能力。正是这些精神力量的结合，再加上一些重要的个人素质，才使人们产生了强大的创造力。

创造力不难被发现。有创造力的人比没有创造力的人更加开放和灵活。他们以新鲜的视角思考问题，通常具有打破常规和独立思考的勇气。他们也比较有上进心，非常热爱工作。下面的表格给出了你在研究面试对象的相关背景或在面试过程中需要关注的七项特征。

### 创造者的个人素质

| | |
|---|---|
| **基本能力** | 分析、整合与评估，以及存储和调用信息的能力 |
| **高度的自我激励** | 有高度的自律、自立和自我引导能力。有创造力的人愿意接受挑战。他们喜欢通过自己的努力解决问题或抓住机会。"生活最大的乐趣在于，"发明家巴恩斯·沃利斯说，"首先证明一件事无法做到，然后做给大家看。"以职业的态度对待工作 |
| **消极能力** | 能够用创造性思维看待多种想法（包括明显矛盾的想法），但不会过早地解决分歧。有能力实现更大范围的整合 |
| **好奇心** | 具有持续的好奇心和观察能力。擅长创意思维的人都是好的聆听者 |
| **独立思考** | 具有明显的独立判断力。面对团队压力时保持冷静和连贯的思维。看待事情时，既要参考别人的视角，又要探索他们没有看到的东西。独立思考，遵循第一性原理，不要照搬书本内容 |
| **中间型性格** | 中间型性格介于内向和外向之间，或许偏内向，但需要与能够提供激励的同事交流 |
| **兴趣广泛** | 拥有广泛的兴趣，包括与创意有关的内容 |

有创造力的人通常具有列表中的所有特征。这样的人并非一定适合在公司上班，因此你的组织首先要具备一定的心理成熟度才能招纳他们。有创造力的人可能很难相处，但是

如果没有他们，公司能发展吗？最重要的是，团队中也需要有创造力的人来带头。

请记住，在你物色有突出创造力的人时，这些人也在期待你和你的组织鼓励创造力。选择是（也应该是）双向的。在招募有创造力的人之前，请检查组织环境是否有利于他们发挥才能。如果他们对组织环境感到失望，就不会有好的结果。思考一下，他们期待的是什么？

研究显示，刺激或鼓励创造力的环境因素按照重要性排列如下：

◎ **认可与赞赏。**由于创意成果通常会延迟很长时间后才出现（历史上有太多天才一生都没能得到认可），因此提供创意的人特别需要鼓励和赞赏。认可他们的贡献，这对他们尤其重要，特别是这种认可来自他们所尊重的人。

◎ **可以自由选择自己最感兴趣的工作。**分析人员要集中精力、保持专注，而创新人员可以在所有可行的方向进行尝试。行动自由是创意工作的必要条件。如果有创造力的人有机会选择工作领域，以及该领域中最令他感兴趣的问题或机会，那么他的效率就会非常高。

◎ **与能够激发灵感的同事交流。**有一句古希腊谚语："两人智慧胜一人。"有创造力的人需要与同事交流，从而更好地思考（不仅仅是为了社交）。

◎ **选择有启发性的项目。**除了愉悦的氛围以及组织内外专业人士的认可，有启发性的项目或问题也很有吸引力。

◎ **不怕犯错。**创新工作中不可避免地会出现错误。组织应当确保这些错误不会对员工的职业生涯造成直接和永久性伤害。

## ▄ 鼓励团队的创造力

"骆驼是委员会设计出的赛马。"这句谚语提醒我们，在创意思维和决策制定方面，团队有其局限性。但是团队的整体思考效率较高。每位成员都有丰富的经验、广泛的知识和多种技能，所有人加起来要好过一个人。

例如，如果你要成立一个项目组，那么它很可能涉及某种形式的创新。常规工作需要你为团队选拔具备专业能力的人才。但是团队成员也可以作为个人为团队作贡献。这时，你要思考两方面的问题：

◎ 这个人是否与团队其他成员有共同的价值观、特征和兴趣？他／她能与其他人和谐相处吗？成员之间是否"来电"？

◎ 这个人能给团队增添哪些新的元素？他／她有哪些强项？他在哪个创新阶段（创意的产生、评估或应用）可以起到带头作用？

以这种方式主动组建团队确实有好处。一支完全由后卫组成的足球队不会有太好的成绩。高绩效的团队是由高绩效的个人组成的，他们利用各自不同的优势，追求共同的目标。

但是无论团队有多完善，你的领导才能仍然是最重要的。球队进球了吗？或者在创新工作中，团队是否产生了创意并付诸实践？

作为管理者，你可以通过以下方式实现团队协作：

◎ 明确各成员的思维技能——分析与逻辑，整合与类推，想象力与全面思考，判断力与智慧。

◎ 在确保所有人友好相处的前提下，鼓励创意或思维的碰撞。

◎ 对于任何出色的贡献给予认可。"我们之前认为所有销售必须以英镑或美元支付，而萨利打破了这种成见，才让我们取得了突破。"你可以通过这种方式告诉大家，每个人都有不同的才能——就像一支乐队，每个人都可以为交响乐的创作作出贡献。

◎ 如有必要，教给团队至少一种获得创意的技巧，例如"头脑风暴"（详见下一章）。除了取得成果，这些技巧还可以帮助更擅长集中精力解决一个问题的思考者培养差异思维（"想出锤子的20种新用法"）。反之也是成立的——在明确具体问题、为新创意打造良好环境这种前期工作中，擅长整合或纵向思维的人最为游刃有余。

　　◎ 创造开放的环境，让人们可以简明扼要地讲出自己的想法，不用担心你会反对。针对团队面临的问题和机遇以及成功与失败进行坦诚的交流。如果你不亮出自己的底牌，别人就无法按照你的思路执行。

　　问题的本质在于态度。正常人面对不成熟的想法时态度往往是消极或挑剔的，而你要改变团队的这种态度。从下一页内容来看，积极的态度和明确的团队协作，这些才是创意实现的根本。

■ 借鉴其他人的创意

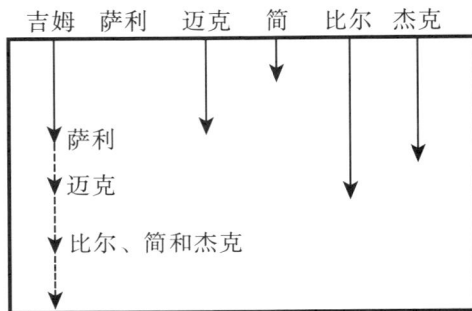

吉姆　萨利　迈克　简　比尔　杰克

萨利
迈克
比尔、简和杰克

**借鉴其他人的创意**

假设有两场会议。在第一场会议中，参会者提出了大量建议或创意，参考图表中向下的实线箭头。这些创意几乎都不了了之。当然，其中一些可能蕴藏着创意的种子。会议结束了，没有任何成果。

但是，在第二场会议上，六个人各自提出了想法，大家进行讨论之后，萨利进一步完善了吉姆的建议；迈克又在两人的基础上提出了新的观点。最后，比尔、简和杰克进行了最后的调整，形成了团队最终的创意。在这其中，吉姆的想法成为新产品或服务的种子。

这一模式类似于橄榄球比赛的航拍照片，尝试得分的过程在最底层进行。在第一场会议上，团队未得一分；但是通过新的方式开展团队合作，大家取得了瞩目的成就。

秘诀在于态度的改变：从消极或挑剔的态度转变为积极的、建设性的态度。丘吉尔在一次内阁会议中朝着胆小怕事的官员们大怒道："傻子都能看出哪里不对。这有什么好！"

| 任务清单：借鉴其他人的创意 | | |
|---|---|---|
| 回答下列问题： | 是 | 否 |
| 团队成员是否经过认真探讨后对问题有了一致的理解？ | ☐ | ☐ |

（续表）

| 任务清单：借鉴其他人的创意 | | |
|---|:---:|:---:|
| 回答下列问题： | 是 | 否 |
| 他们是否共同关注问题的一个方面？ | ☐ | ☐ |
| 他们是否紧密团结，互相借鉴每个人的想法？ | ☐ | ☐ |
| 他们是否不遗余力地确保每个人的观点都得到理解？ | ☐ | ☐ |
| 会上是否探讨了高水平的技术性内容？ | ☐ | ☐ |
| 是否每个人都用类推的方法提出各种可能的建议？ | ☐ | ☐ |
| 团队成员有没有认真聆听别人的观点？ | ☐ | ☐ |
| 团队成员是否急于获得结论？ | ☐ | ☐ |
| 他们是否坚持认为每个观点都是完整的解决方法？ | ☐ | ☐ |
| 对于不够好的想法，他们是否愿意予以支持和完善？ | ☐ | ☐ |
| 在开始解决下一个问题之前，他们是否会深入探讨前面的问题？ | ☐ | ☐ |
| 他们是否从不偏离主题或浪费时间？ | ☐ | ☐ |

团队协作的关键原则是借鉴他人的创意和贡献，不仅限于会议。如前所述，新的创意有时候出现过早，通常由

于缺少必要的技术而以失败告终。创意的种子常常会落在干燥的土地上，等待阳光雨露，慢慢扎根。

---

**创意的移植**

　　创意从产生它的头脑中移植到别人的头脑中会有更好的发展。

　　——小奥利弗·温德尔·霍尔姆斯（Oliver Wendell Holmes Jr）

---

　　有时候，培养创意的过程会在单个创新组织中长时间进行。

　　明尼苏达州 3M 公司从一家普通的砂纸制造商发展成为国际集团，它在 1930 年发明了透明胶带。一位销售人员在参观汽车工厂时注意到，给汽车上漆的工人很难确保两种颜色的漆不混在一起。3M 实验室的年轻技术人员理查德·G.德鲁（Richard G.Drew）给出了解决办法：美纹纸胶带，公司的第一款胶带产品。

　　1930 年，也就是杜邦推出玻璃纸的六年后，德鲁解决了在玻璃纸上粘贴黏合剂的问题，透明胶带诞生了，最初用于工业包装。直到 3M 公司另一位富有想象力的员工、销售经理约翰·博尔登（John Borden）创造了一个带有内置刀片的点胶机时，它才真正开始推广。

如你所见，该公司的理查德·德鲁和约翰·博尔登懂得相互借鉴。创新过程在很大程度上是渐进式的。将创意成功推向市场离不开团队的努力和贡献。一个人思考得再认真，他的想法也很难推销出去。创意在普及之前通常需要一些研究、大幅度完善和大量（有时长达数年）的辛勤劳作。

事后看来，好的想法和不太可行的想法似乎很容易区分，但是在初期阶段，两者的区别并不明显。"伟大与荒谬往往密不可分，"托马斯·潘恩（Thomas Paine）写道，"你很难将它们彻底分开。伟大多一步便是荒谬，而荒谬再进一步又将变回伟大。"

---

**借鉴他人的想法**

我每天要提醒自己一百次，我的内心和外在生活是建立在其他在世和已故之人的劳动基础之上的，所以我必须竭尽全力，对于已接受的和正在接受的东西给予同样的对待。

阿尔伯特·爱因斯坦，《想法和意见》（*Ideas and Opinions*）

---

无论是作为个人还是团队成员，你有必要暂时放下判断的能力，还要借鉴别人的想法，并加以完善或组合。然而，这两种能力并不是创新组织的成员所应具备的全部技能。你还必须培养以讲究策略的方式（用正确的方法、在正确的时间和地点）作出批评的能力。

---

**建设性批评**

EFFECTIVE INNOVATION

　　弗朗西斯·克里克与詹姆斯·沃森共同发现了双螺旋结构。克里克在他的自传《狂热的追求——科学发现之我见》中提到了有关批评的一次教训。他加入了剑桥大学卡文迪什实验室的分子生物学小组：

　　"佩鲁茨（Perutz）向英国各地聚集在卡文迪什的一组X射线晶体学家介绍自己的研究成果时，给我上了一堂课。演讲后，伯纳尔（Bernal）对此发表评论。我一直认为伯纳尔是个天才。由于某种原因，我始终觉得所有天才都没礼貌。但令我惊讶的是，伯纳尔以最慷慨的方式称赞佩鲁茨勇于承担如此艰巨的任务，并且以顽强的毅力坚持了下来；接下来，他用最善意的方式提出了对帕特森方法以及研究案例的保留意见。我通过这次经历了解到，如果你对某项科学成果有反对意见，最好以坚定和善意的方式表达出来，在此之前先称赞一番。我多希望自己能一直坚持这个原则，但可惜的是，由于我的性格比较急躁，我经常鲁莽而毫不客气地指出别人的错误。"

---

总结：团队的创造力不能被安排，但是可以被鼓励。只要你为团队选拔合适的人员，就会形成有利于创新的结构。团队或组织的精神面貌很重要。正确的氛围有助于鼓励人们表达自己的想法，哪怕还不够成熟。团队成员能够克制自己妄下判断的欲望。他们会聆听别人的想法，借鉴并完善别人的观点。换句话说，这种团队或组织中的对话是积极、自信的，符合现实，并且具有建设性。个人与团队的关系就像一支乐队。一个"独奏者"负责演奏某个部分的主旋律，另一个则负责引出整个交响乐的副歌部分。

## 围绕创新进行沟通

记住，进步是一种动力。如果你从不给别人反馈，他们很快就会失去兴趣。良好的沟通有助于打造适宜创新的环境。这在很大程度上是组织的责任，下一章有更全面的介绍。但是作为管理者，你有责任确保沟通顺利开展。因此，你应该：

◎ 抓住机会与员工探讨新的创意是否有利于完善产品和降低成本。试着举一些成功变革的案例。

◎ 解释某些创意被接受或拒绝的理由。选择创意的标准是什么？将讨论中产生的新想法进行整理，定期向团队汇报进展。

◎ 对于有效改善企业状况的创意给予适当的认可和奖励——这是最有效的沟通方式。

始终牢记一点：沟通是一个双向的过程。你必须成为善于倾听的领导者。你手下的每个人都有自己的想法，你听到了吗？

| 小测验 |
| --- |
| 运输行业的一名工作人员在40多年的职业生涯中提出了大量建议，被收进了吉尼斯世界纪录。猜猜他提过多少建议？ |

2000 个以上 ☐　　20000 个以上 ☐
1200 个以上 ☐　　8000 个以上 ☐
6000 个以上 ☐

答案在第213页。

如果员工之间互相理解，同时你按照成功创新者的七个习惯培训他们，创意就会涌现出来。

你作为管理者，必须将组织的假设和成见（也就是过去的成就遗留下来的东西）作为沟通的首要障碍。在这方面，组织和团队与个人无异。"不仅是我们从父辈那里继承的东西还存在于我们身上，"剧作家亨里克·易卜生（Henrik Ibsen）写道，"还有各种各样旧的观念和信仰……它们在我们身上并不活跃，一直以来都在蛰伏，而我们永远摆脱不掉。"你必须设法摆脱这些历史遗留的障碍，否则团队将永远无法跨越创新的藩篱——你现在就应该意识到这一点。

## ▌克服创新的障碍

创新不仅仅是拥有创意。假设你是一个刑侦部门的高级警官，手下有大量警力。有位聪明、活泼的年轻侦探要在星期一早上与你见面。他说："周六晚上我看了阿尔·帕西诺（Al Pacino）的电影《爱的海洋》（*Sea of Love*），第二天早上我在挖菜时突然有了灵感，我们在谢菲尔德也可以做类似的事情……"你会怎么回答？下面是你可能会想到的一些话（当然是在读这本书之前）：

> "别傻了。"
> "有点意思，但今年的预算已经用光了。"
> "理论上很不错，但是……"
> "那是电影情节，不符合现实。"
> "拜托，这有利于我升职吗？"

"你又不是阿尔·帕西诺。"

"对纽约来说是可行的，但不适合这里。"

"我们八年前就尝试过，彻底失败了。"

"我们没时间做这种事。"

"警察局长不会同意的。"

"罪犯一眼就能看穿。"

"给他们提供免费的电视和录像机？媒体会把我们当成笑话。"

"有别人尝试过吗？"

"等你级别再高一些，就不会提出这么愚蠢的建议了。"

"这里的事情已经够乱了，没人愿意尝试新点子。"

你的组织遇到同样的情况会怎么办？在大多数组织中，这种对着干的创意杀手是阻止创新的第一道防线。大多数创意会死在言语这张铁丝网上。当然，扼杀创意的方式还有很多种，例如被淹没在轻描淡写的赞扬中，被财务主管否决，或者在计算机里变成一堆乱码。

创造性思考者（包括个人和团队）必须做好准备冲破否决或批评这第一道防线，才能游到广阔的大海中。作为创新的领导者，你应该陪在他们身边充当救生员。如果海浪一波接一波地冲过来，你的帮助将非常有必要。组织中的保守力量依然强大。你要晚些时候再做评论，并说服上级领导也这样做。这是创造性思考者的第四个习惯——保留意见在组织中的应用。

用全面思维看待创意：如果种子或胚胎在适当的环境中，得到充足的营养和阳光照射，它们就会生长，创意也是如此。但是幼苗或婴儿在刚刚出生时最为脆弱。它们就像太平洋沿岸的小海龟，要穿过海滩爬回大海，这一路上要冲破重重困难，包括在头上飞来飞去的海鸥。

最终，创意会逐渐壮大起来。你可以试着让它自己站起来，到创意市场中碰碰运气。在市场上，所有创意都要接受检查、衡量和测试。待售的创意将面临各种常见问题。它们有实际价值吗？别人愿意为它们出多少钱？它们如何与其他与自己争夺时间、资金和资源的创意相抗衡？

组织创新的障碍与前文提到的个人创意思维障碍有很多相似之处。组织在某些方面（需求）与其他组织很相似，但是在另一些方面（企业人格）较为独特。从这一点来看，一些组织内部对于创新的障碍会更多。

■ 练习 12：克服创新障碍

1. 写出组织内部妨碍个人创新的五个障碍。

2. 举三个例子证明好的创意在第一时间被扼杀。

3. 接下来，在纸上写一份简要的《创新声明》，为其他管理者提供最佳案例指南。

4. 找十个人帮忙修改《创新声明》，看看他们是否愿意坚持执行一个月。

## ■ 有创造力的领导者

很显然，鼓励创意的领导者不仅能够提供一般指导并执行必要的领导职能（制定目标、做规划、管控、支持、审查），从而满足任务、团队和个人需求，他们还具备一些鲜明的特征：

◎ **愿意承担风险。**我们看到，让员工或团队享受自由会产生一些潜在的弊端，例如错误、失败或财务损失。分配任务不意味着彻底放手，你作为领导者要共同承担风险。你应该明白，事情如果没有按计划进行会产生什么后果。所有管理者都必须自愿承担风险。没有自由，就不会产生错误；但是限制自由是最大的错误，因为只有自由才能孕育创新和创业成果。错误伴随着进步。你要从错误中学习，但不要因此止步不前。

◎ **能够接受不成熟的想法。**几乎没有任何创意在提出之时就已经完全成熟了。创意就像新生儿，努力喘息、挣扎着活下来。有创造力的领导者要以身作则，愿意聆听别人的想法，并借鉴有价值的东西。他们不会急于否决不成熟的想法或不完善的建议，因为其中可能蕴藏着真正有用的内容。因此，创造性的管理者是优秀的倾听者。

◎ **愿意打破规则。**规则和体制有自己的作用，但它们可能严重阻碍创新。作为管理团队的领导者，你要尊重系统、规则和程序，但不能像官员一样思考。有时阅读障碍（无法阅读规则）是一种优势而不是劣势。如果规则不能打破，你可以扩展它。否则，你终将陷入组织的泥沼中，或者如查尔斯·狄更斯（Charles Dickens）所说："翅膀被法庭的利笔串着吊起，手脚被官样文章捆住。"别忘了，英国海军传奇将领纳尔逊（Nelson）曾经用瞎掉的那只眼睛透过望远镜观察。视而不见有时是一种优势，而不是劣势。

◎ **能迅速作出回应。**还是以新生婴儿做比喻，一些新的创意或项目要想生存就必须尽快获得营养。具有创造力的领导者也要具备发现潜在优胜者的天赋。但这还不够。创新型组织的领导者还必须有使用资源的权限，而不必事事向上级领导或机构请示。能够迅速分配或获取少量资源远远好过用一年的时间、等到来不及的时候才筹集到大量资源。

◎ **个人热情。**只有积极进取的领导者才能激励他人。热情具有感染力。此外，热情的领导者和同事往往能启发别人。法国作家沃弗纳尔格（Vauvenargues）曾写道："没有热情的人无法读懂伟大的真理。"

## ■ 本章要点：如何管理创新

⊙ 房子是用一块块砖垒起来的。创新型组织的发展水平在很大程度上取决于人员素质。机器没有想法，计算机不会创造，仅靠金钱也无法使客户满意。

⊙ 在有创造力的人身上寻找12个特征。确保你手下的员工具备其中的一些特征。

⊙ 团队创造力的核心是借鉴或完善他人想法，并贡献自己的创意。"大多数人只能看到一个想法中10％的坏处，"美国发明家查尔斯·F. 凯特林（Charles F. Kettering）写道，"却忽略了90％的好处。"

⊙ 借鉴别人的想法听起来很简单，事实也的确如此。但是它以积极和建设性的精神、相互鼓励和倾听为前提。

⊙ 团队创造力可能以具体会议或部门（例如研发）为重点，但它应覆盖整个组织。对于寻求创新的组织来说，这是永恒的主题。

◉ 得到领导期许的人更有可能产生有价值的创意。

------

提高创造力是获得更美好未来的唯一途径。

——佚名

------

| 任务清单：如何管理创新 | | |
|---|:---:|:---:|
| 回答下列问题： | 是 | 否 |
| 你在面试外部人员时，是否会考察他们对于完善工作和完成工作的兴趣？ | ☐ | ☐ |
| 你是否知道有创造力的人有哪些主要特征？ | ☐ | ☐ |
| 你的组织是否为了获得员工身上的新鲜想法和创意而愿意容忍他们的缺点？ | ☐ | ☐ |
| 团队成员是否会借鉴彼此的想法，一步步探索解决方案？ | ☐ | ☐ |
| 组织内部员工在过去两年内是否接受过至少一天的创意思维技巧培训？ | ☐ | ☐ |
| 你是否为团队提供过创造力和创新培训？ | ☐ | ☐ |

（续表）

| 任务清单：如何管理创新 |
|---|
| **回答下列问题：** |
| 作为具有创造力的领导者，你有哪些优势和劣势？ |

|            优  势            |            劣  势            |
|---|---|
| 1. _____ | 1. _____ |
| 2. _____ | 2. _____ |
| 3. _____ | 3. _____ |
| 4. _____ | 4. _____ |

# 11

# 创新型组织

"创造力在相互激发、反馈和建设性批评的环境中
——即在充满创造性的社群中才有机会蓬勃发展。"

——威廉·T.布雷迪（William T.Brady）

你在本书概述第一页看到的创新贝壳图的第三个维度是组织。某些组织比其他组织更具创新性的原因是什么？为什么有些组织会吸引富有才能、想象力和创造力的人，而另一些组织开出再丰厚的薪酬都很难获得或留住有才能的员工？

"创新是我们公司的座右铭。"一位高级经理告诉我。然后他耸了耸肩："但我们的问题在于没有人将它付诸行动。"他给我看了所有文件：首席执行官的愿景、公司使命、企业的核心价值理念。我在文件中至少读到了九次"创新"和五次有关创新思维重要性的内容，确实令人印象深刻，还是由专业人士编写的。"都是表面功夫，"他说，"我们一味地追求短期利润，严重限制了内部的创新能力。我们

只能计算出利润有多少，但是无法计算最重要的资源——我们的创新能力。所以没有人再关心这件事了。"

对于一个组织来说，拥有创新热情和愿景是一回事，而实现这一愿景是另一回事。因此，许多组织往往会发现自己逐渐回归到了传统的道路上：最初的变革热情消失了，旧有模式冲破了薄薄的变革外衣，一切都在倒退。

撇开组织对创新的说法不谈，真正将创新付诸实践的组织有没有具体的特征？有，你可能已经猜到了。它们存在以下五个明显的要素，各个要素之间存在很大的重叠：

◎ 高层的明确承诺

◎ 鼓励团队合作与创新的氛围

◎ 允许失败，愿意承受风险

◎ 开放和有建设性的交流

◎ 灵活的组织结构

这些要素可以挽救你的组织于危亡。"在一个需要创新的时代，无法创新的老牌公司注定会衰落和灭亡。"管理大师彼得·德鲁克（Peter Drucker）多年前预测道，"而在这段时期内不知道如何管理创新的管理者是无能的，他们不够称职，无法担当自己的职位。管理创新将日益成为管理者尤其是顶层管理人员面临的挑战，也是考验其能力的试金石。"

## ■ 高层的承诺

高层领导团队（首席执行官和执行董事）需要用言行来证明他们致力于积极创新。这些人的地位和影响力有助于创新者克服在变革过程中经常遇到的障碍和阻力。如果既得利益者掌权，创新过程可能会被拖延。你眼中的公司机遇对别人来说可能变成了部门威胁。作为组织某个级别的领导者，你的职责是推动必要的变革，并推动整个管理团队接受变革。

如果没有来自高层的承诺，任何大型组织的创新工作都会一次次被政策、流程和规矩挫败。公司总裁或总经理再也无法像以前一样坐等别人推动组织变革和创新了。现在，他们必须发挥自己的影响力，采取积极主动。变革需要领导，先于别人变革便是创新。

---

**亚伯拉罕·林肯**

包括亚伯拉罕·林肯在内的真正的领导者不仅是变革的工具，还是变革的催化剂……林肯通过强大的决断力和营造鼓励创新技术的创业氛围，实现了必要的变革。

在成为总统的前几年，林肯就已经表现出对创新的兴趣。1849年3月10日，40岁的他获得了一项专利：为

---

搁浅的船只增加浮力（他是唯一获得过专利的美国总统）。

成为总统并移居华盛顿后，林肯对有助于加速结束内战的任何技术成果，特别是武器技术产生了浓厚的兴趣。他参加过示威游行，与发明家交谈，并亲自测试新武器，包括新型的后膛装填和连发步枪。

总体而言，林肯对于当时最先进技术的观念和处理都非常出色……他意识到，作为最高领导，他有责任打造无风险的创业氛围来推动有效创新。

唐纳德·T.菲利浦斯（Donald T.Phillips），《林肯论领导力》（*Lincoln on Leadership*）

以创新为信念的高管愿意提供必要的资源。每个组织都应成立一个发展基金，在初期的关键阶段资助最有前景的创意。一笔小钱的作用可能很大，尤其有助于鼓励团队或个人对创新萌芽负起责任。后期会需要更多的启动资金。

组织如果缺乏方向感就很难具有创新性（即有效开展变革）。如果你不着眼未来、以前进为目标，何必还要改变呢？但是，你作为首席执行官（或者你的首席执行官）是否认识到了自己的重要作用？

■ 案例研究：本田宗一郎——创新领导者

本田宗一郎21岁时开过一家维修店。后来他进入了制造行业，最初创立了一家制造活塞环的小公司，但由于他知识不够丰富，公司很快就破产了。同时，他与弟弟本田弁一郎（Benjiro Honda）制造了一辆赛车。两人驾驶这辆车第一次去参赛，结果车撞坏了，两人身受重伤。

有了多年的经验积累，加上大学的工程学学位，宗一郎开始了发明和创新。他的一项早期专利是活塞环抛光机，其设计具有革命性且易于操作。经过三年漫长的尝试和出错，他的坚持得到了回报，终于制出了质地非常不错的活塞环。他后来回忆说："那些日子是最艰难的，我遇到了很多困难。"

第二次世界大战结束后，宗一郎成立的公司不再直接从事活塞环业务。一次偶然的事件帮助他开启了新的方向。有一天，一位朋友给他带来了日本军队曾使用的50cc发动机，猜想他可能用得上。在战后的艰难时期，日本的交通运输系统非常薄弱。火车和公交车上挤满了人，有时候要下车的乘客只能从窗户跳出去。

宗一郎看着发动机，心想："有动力的自行车是个好主意。"但是问题在于，当时物资短缺，想买到油箱几乎不可能。这时他开始发挥创造力：可以用什么来代替油箱呢？他想了各种方法，最后想到了热水瓶。他把热水瓶装在一辆自行车上，开始做实验。这正是机械"噗噗车"的前身，这个名字取自它发出的噪音。

战后想要获得汽油非常困难，宗一郎只能使用从松树根部提取的油脂。经过反复试验，他终于制成了机械自行车。由于只有500台老式日本发动机可用，宗一郎的下一步（具有决定性的一步）是开始自己制造发动机。自此，本田汽车公司诞生了，原始资金为100万日元。

在接下来的几年中，本田公司制造的摩托车在世界赛车场上赢得了不少大奖。但是宗一郎从来没有忘记过童年时期见过的穿过村里的汽车（当时他的父亲是村里的铁匠）。他以一级方程式赛车作为突破口，转向了民用汽车生产。

即使在当时，汽车尾气也引发了环境问题。但是在本田看来，这是一个机会。后来成为本田公司第四任总裁的川本信彦（Nobuhiko Kawamoto）回忆起当初的日子："1972年，美国国会通过了《清洁空气法》，但是宗一郎说，尽管本田公司在汽车的生产经验上落后于通用汽车和丰田，但是在开发低排放发动机方面，所有公司都站在同一起跑线上。在宗一郎的激励下，我们自己与通用汽车和其他汽车制造商是平等的。"

为了响应社会需求，宗一郎开始重视年轻工程师的能力。他相信年轻人的实力。在久米正（Tadashi Kume，后来成为本田第三任总裁）的带领下，本田工程师成功研发出一款低排放水冷发动机——CVCC。配备这款发动机的本田思域汽车（Civic）在全球广受欢迎。美国尤其赞赏本田工程师的独创性。

宗一郎的超前思维和拒绝抄袭的精神逐渐为所有员工所效仿，他对此感到满意，决定卸任总裁一职。1973年退休后，他成为公司的高级顾问，为年轻的工程师提供指导。

本田公司第二任总裁川岛清志（Kiyoshi Kawashima）说："宗一郎不喜欢效仿任何人。他会发挥自己的想法和创造力。他是个有梦想的人，并且帮助员工实现他们的梦想。我从他那里了解到，一家公司如果没有梦想，迟早将失去社会地位。"

第四任总裁川本信彦回忆道："宗一郎的特点在于渴望探索，和对自己保持坦诚。尽管他命令我们停止一级方程式项目，但他一生都对赛车感兴趣。即使在逝世前几天，他也仍然兴致勃勃地与我探讨一级方程式赛车。"

即使在实现目标后，宗一郎也从未停下脚步。他从未忘记儿时的自己带着好奇心在乡村土道上追在汽车后面跑，还有汽车留下的斑斑油迹。他留给所有人的遗产被称为"本田主义"，一种赞美年轻人的活力、鼓励年轻人的创造力的精神。

请记住，尽管首席执行官的战略指导不可或缺，但结果并不完全取决于他。整个领导团队，包括所有运营或业务部门领导和团队负责人都要发挥作用。在努力开展创新的组织中，所有管理者都应成为董事或领导者，否则将缺乏可信度。领导者往往要以身作则，在这种情况下，你要亲自参与创新过程。

## ◼ 鼓励团队合作与创新的环境

打造有利于创新的文化、环境、氛围或风气，其重要性不言而喻。在创新方面，没有谁比谁更优秀。组织的目标是建立一个由威廉·T. 布雷迪在本章开头提出的创造力社群。相互激励、反馈和建设性批评这三个要素有助于我们看清问题的核心。包括你在内的每位领导者都可以通过培养创意思维的七种习惯，并树立创新管理的榜样来营造这种氛围。你如果没有参与探索解决方法，就会造成麻烦。

组织应该培养鼓励参与的开放环境。所有人都要主动提供相关事实和信息，帮助其他人作出合理的贡献。各级管理人员应长期积极管理变革，并随时提供必要的教育和培训资源。

在有利于创意和创新的企业文化中，难点在于如何将这些要素与产品制造和客户服务所需的严密结构、纪律约束及日常工作相结合。并不是所有人都擅长两方面的工作。但是我们知道，团队的基本特征在于，各个成员具备互补的性格、品质、兴趣、知识和技能。

请注意，这个层面的团队合作需要出色的横向沟通和灵活的组织结构——创新型组织的另外两个核心特征。

一个隐含的意思是，那些有创造力或创新潜力的人会在部门之外的知识项目上投入时间和精力。这些任务小组的设立是为了解决宏观问题或探索战略机遇，它们本质上是跨学科的，以多样性孕育创造力。

## ■ 允许失败

正如诺贝尔奖获得者悉尼·布伦纳（Sydney Brenner）所说："创新就是一场赌博。"如果你从未濒临失败，就不会取得真正的成功。富有创造力的人在鼓励他们承担一定风险的组织中会如鱼得水。

如果不接受风险，创新几乎无法实现。你应该计算风险值，并依据现有资源判断接受风险的程度。然而，如果你彻底消除了风险，组织便不再具有创造力和创新能力。"不入虎穴，焉得虎子。"

> *EFFECTIVE INNOVATION*
>
> 我最重要的发现都是从失败中得来的。
>
> ——汉弗莱·戴维爵士（Sir Humphry Davy）

风险的弊端在于错误和失败。任何具有创业和创新精神的企业都会经历失败。当然，这与优柔寡断和无所作为造成的失败有很大差别。企业领导者必须接受这种弊端，并勇敢地承担起责任。失败的可能性不应被当作规避创意和创新的借口（这种情况经常发生）。

每次失败后，团队应该展开讨论——为了吸取教训，而不是躲避惩罚。你常常会发现，有些预示失败的迹象被忽略了。我们可以从这类的讨论中汲取一个重要教训：管理者在加快创新之前，首先要防止潜在的失败，这不是一件好差事。

"行动存在风险和成本，"约翰·F. 肯尼迪（John F.Kennedy）说，"但是远不及无所作为的长期风险和代价。"换句话说，冒险的话，你可能会犯错；但如果不冒险，你注定会失败。

3M公司前总裁路易斯·W. 莱尔（Lewis W. Lehr）对于接受失误有明智的看法——但只能允许第一次犯错。3M的企业文化在这一问题上有着明确的政策和传统：

失败的代价是创新者必须关注的问题，因为大多数人总会遇到它。我们估计公司约有60％的新产品计划无法成功。发生这种情况时，重要的是不要惩罚有关人员。

要让他们知道，即使失败了，他们也不会丢掉饭碗，否则会有很多创新者会为了确保安稳而放弃努力。没有什么比失败导致失业的威胁更容易扼杀创新。

公司有一项传统，就是接受诚恳的错误和失败，但不会严厉责罚员工。在我们看来，错误是业务的正常结果，也是创新的重要副产品。但是我们希望自己犯的错与众不同。我们几乎可以承担任何错误。愿意在高风险的新产品计划中牵头的人知道自己的职位不会受到威胁。这种管理态度消除了大公司创新的一个主要障碍。

任何企业在成长过程中都要学会分配责任，鼓励员工发挥主动性，也就是允许他们以自己的方式做自己的工作。如果某个员工的决定是正确的，那么即使他犯了错，也比领导层独断专行地指手画脚要好。顶层领导者面对错误时如果妄加批评，就会扼杀员工的主动性和创造力。当这种情况发生时，企业便不再有利可图了。

### 你犯的错够多吗？

*EFFECTIVE INNOVATION*

1943年，维尔纳·冯·布劳恩（Wernher von Braun）正在研制一枚火箭，德国人希望用它来摧毁伦敦并结束战争。

生产这种火箭需要新的金属、燃料、制导系统等。冯·布劳恩的上级急于完成项目。他们对他一次次向制造工厂提交修改方案感到恼怒。

"你应该是这次行动的总指挥……你知不知道这两年你对火箭图纸做了多少修改？"

他们在冯·布劳恩面前晃了晃一张纸。"猜一猜吧，教授。你给工厂提交过多少次修改了？"这个对他们来说非常可笑的数字是65121。一点也没错。冯·布劳恩承认了自己的65121个错误。

根据他当时的估计，在火箭造好以前，他还会再犯5000个错误。"在制造一枚导弹的过程中，你会犯65000个错误，"他说，"到目前为止，俄罗斯已经制造了3万枚，而美国一枚也没有。"

在第二次世界大战的后半段，只有德国利用弹道导弹重击了敌人，其他国家都没有这种武器。战争结束后，维尔纳·冯·布劳恩成为美国太空计划的"终极大脑"。仅仅过了几年，美国又犯了很多错误以后，将一个人送上了月球。

詹姆斯·米契纳（James Michener），《太空》（*Space*）

因此，企业领导者必须接受决策中的风险因素，尤其是在创新方面。风险意味着可能产生损失或伤害，但是你如果不动手，就无法摘到最好的果实。

最近，一家公司的首席执行官被调到了国际集团的总部。他刚刚导致一个大项目损失了一大笔钱，以为自己会被解雇。然而在与总裁见面时，对方既没有提及这笔损失，也没有提到他会离职。谈话结束了，他起身离开之前对总裁说："我很开心自己还有工作。我必须承认，我以为你会因为那笔巨大的损失而解雇我。"

"解雇你？"总裁回答道，"怎么可能呢，公司刚给你交了100万美元的学费！"

---

## 147/805 定律

你经常可以听到这样的说法："我们尝试了好几次，但是不管用。"但是你下次坐飞机时，别忘了莱特兄弟在成功起飞前尝试了805次。

爱迪生发明出电灯泡之前失败了147次。阻碍创意取得成功的因素往往是毅力。

---

只要失败不是鲁莽或无能造成的，创新型组织就不需要追责或找替罪羊。人们很容易当事后诸葛亮。你在做决定

之前就应该明智一些，但是没必要因为自己之前不知道现在所知道的东西而困扰。你可以把它当作成功或失败的经验。人们常说，谁都不可能一帆风顺。奥斯卡·王尔德（Oscar Wilde）曾经说过，"经验"是"错误"的另一个名字。

归根结底，首席执行官和最高管理团队的承诺和领导是最重要的。如果他们坚定地通过团队创造力实现盈利增长，那么创新难题将迎刃而解。即使以往表现良好，也不要疏忽。当然，如果过于沉浸在过去的成就里，就很容易失去创新优势。过去的已经过去了，好的公司必须始终追求卓越。

## ■ 着眼于长远

在开发和推出新产品和服务时，以短期利润（每个季度的利润）为标准显然是不够的。"任何伟大的东西都不是突然之间创造出来的，"罗马哲学家爱比克泰德（Epictetus）写道，"就像葡萄或无花果一样。如果你想吃无花果，我会告诉你等一等。它要开花、结果，然后才能成熟。"任何具有商业价值的新产品或服务都是如此。

日本的银行和公司具有更长远的眼光，而西方金融机构和英美等国家的股东则以其目光短浅而闻名。这样的思维和政策无法鼓励行业创新。这些国家的银行尤其需要超越短期利润，制定更长远的目标。它们存在的部分意义在于为工商业提供服务，这是经济发展的动力。但这些银行往往做不到这一点。它们应该从现在开始，至少在决定未来投资时将目光延长至中期。

英国企业家，如理查德·布兰森（Richard Branson）和安德鲁·劳埃德·韦伯（Andrew Lloyd Webber），都将上市公司重新变为私人所有。他们对于国内牺牲长期增长、追求短期利润的现象深感不满。"通过私有化，我们可以借鉴日本的做法，缓慢积累市场份额，然后等待盈利。"布兰森说，"经营上市公司时，我一年中大部分时间都在为明年的利润担忧。自从私有化以来，我再也没有要求过员工预测利润。"

创新不应该是一个被动的过程，而应通过长期发展战略来指引方向。它需要由企业的目标意识作为支撑。这样的战略有助于维持生产和销售现有商品和服务的当前需求（重点商业目标）与中长期研发需求之间的平衡。平衡且有逻辑的战略将使你的组织能够在过去成就的基础上继续发展，创造一个理想的未来。这是实现利润增长的唯一可靠途径。

组织没能实现创新总是有原因的，其中之一就是成本太高。但是不创新的成本你负担得起吗？

## ▮ 本章要点：创新型组织

◉ 如果高层领导团队不重视产品质量、创意和创新，或没有努力确保组织朝着这个方向发展，就不会有持续、可盈利的增长。

◉ "如果号角吹不响，谁会愿意投身战斗呢？"最高管理团队应设法让所有人都看到自己对于开展积极和有益的变革的决心。

◉ 兵马未动，粮草先行。企业应该首先进行投资。研发是未来创新的种子。它不是成本，而是一项投资，结果无法预知。你的组织是否做了这项投资？

◉ 灵活性是个人与公司更改或者从根本上变革当前工作的能力。僵硬的结构只会造成惯性。

◉ 创新往往伴随着风险。有句话说得好："不入虎穴，焉得虎子。"

◉ 创新型组织是官僚机构的倒影：它的结构是扁平的，而不是金字塔形的；决策权和责任下放；环境宽松，要求不严；强调横向和纵向互动；规则的约束保持在最低限度；积极接受适当程度的风险。

◉ 像本田宗一郎这样明智的战略领导者喜欢与组织中的年轻人接触，因为他们身上兼具创新的勇气和冒险的胆量。正如弗朗西斯·培根所说："上了年纪的人往往反对太多、询问太久、冒险太少、后悔太快。"

---

人是一种极富创造力的动物，注定要自觉地追求目标和从事工程艺术——也就是说，要不断给自己开辟道路，不管这道路通向何方。

——陀思妥耶夫斯基（Dostoevsky）

---

| 任务清单：创新型组织 |
| --- |
| 给组织的创新水平打分：<br>1＝较低；2＝一般；3＝较高；4＝非常高；5＝优秀 |

| | | | | | |
| --- | --- | --- | --- | --- | --- |
| 高层管理团队对创新的重视程度有多高？ | 1 | 2 | 3 | 4 | 5 |
| 组织目标是否强调了创新的必要性？ | 1 | 2 | 3 | 4 | 5 |
| 组织对目标或理念的宣传情况如何？ | 1 | 2 | 3 | 4 | 5 |
| 首席执行官是否积极推进变革？ | 1 | 2 | 3 | 4 | 5 |
| 相互激励、反馈和建设性批评的执行情况如何？ | 1 | 2 | 3 | 4 | 5 |
| 给组织的内部团队合作水平打分。 | 1 | 2 | 3 | 4 | 5 |

（续表）

| 任务清单：创新型组织 | | | | | |
|---|---|---|---|---|---|
| 给组织的创新水平打分：<br>1＝较低；2＝一般；3＝较高；4＝非常高；5＝优秀 | | | | | |
| 组织是否定期高效地利用项目团队？ | 1 | 2 | 3 | 4 | 5 |
| 组织是否愿意承担风险并接受失败和错误？ | 1 | 2 | 3 | 4 | 5 |
| 你是否愿意留住有创意和才能的年轻人？ | 1 | 2 | 3 | 4 | 5 |
| 参与创新的人是否得到了奖励或提拔？ | 1 | 2 | 3 | 4 | 5 |
| 对横向沟通水平打分。 | 1 | 2 | 3 | 4 | 5 |
| 组织是否提供了私下交流观点的机会？ | 1 | 2 | 3 | 4 | 5 |
| 组织是否不以失败当借口？ | 1 | 2 | 3 | 4 | 5 |
| 新的项目能否获得资源？ | 1 | 2 | 3 | 4 | 5 |
| 给组织结构的灵活性打分。 | 1 | 2 | 3 | 4 | 5 |
| 组织是否将决策推进到执行层面？ | 1 | 2 | 3 | 4 | 5 |
| 组织中的所有人是否认为自己参与了创新？ | 1 | 2 | 3 | 4 | 5 |
| 组织是否将创新作为长期目标？ | 1 | 2 | 3 | 4 | 5 |

（续表）

| 任务清单：创新型组织 |
| :---: |

给组织的创新水平打分：

1＝较低；2＝一般；3＝较高；4＝非常高；5＝优秀

创新是否成为组织未来发展总体战略的一项     1    2    3    4    5
内容？

在你的组织中工作是否是一种享受？           1    2    3    4    5

总分：

分数解读：

70—100分：恭喜你，你的组织创新水平非常高，而且前途光明。

40—69分：你的组织展现出了道德上的勇气。在你需要向首席执行官提出紧要问题时，把这份任务清单带给他看。别忘了准备一些积极的建议。

10—39分：组织要想继续经营，必须开展彻底的变革。同时还要给自己准备好后路。

# 12

# 头脑风暴的艺术

诺贝尔奖化学奖获得者莱纳斯·鲍林（Linus Pauling）曾说过："获得好创意的最佳办法是有很多创意。"这句话对于个人、团队或组织而言都是成立的。但是作为管理者，你如何鼓励大家产生更多创意？

有时，打开他人思维的保险箱很容易。人们喜欢谈论自己的工作，尤其是自己热爱的工作。你只需要表现出一定的兴趣，提一些探索性的问题，保险箱就会自动打开。或者以我在北极拖网渔船上的经历做类比，你只需要将渔网拉上来，大大小小的银鱼就会大量堆在甲板上。

但是有时候，你可能需要用盗贼的工具包来撬开团队大脑资源的保险箱。在本章中，我们将探讨最常用的获得创意的方法——头脑风暴。作为一种工具，它可以打开已然存在的创意大门，从而帮助企业实现生存和发展。下文对第二部分介绍的创造性思考者的七种习惯进行了回顾和扩展。团队也需要培养自己的七种习惯。

# 12 头脑风暴的艺术

## ■ 什么是"头脑风暴"

"头脑风暴"是一种在短时间内从一群人当中获得大量创意的方法。它在本质上是一种团队活动,有比较正式的流程,目标是产生尽可能多的创意,但不会在中途停下来进行评估。

头脑风暴的起源可以追溯到一家大型广告公司的创始人亚历山大·奥斯本(Alexander Osborn),他的作品《应用想象力》(*Appled Imagination*)于1953年出版,后来成为头脑风暴者的教科书。根据这本书记载,第一次头脑风暴会议于1939年在美国举行。毫无疑问,这是产生创意的最好方法,当今仍然是"品质管理"和"全面质量管理"领域里的关键技能。这些领域始终依靠小型团队探索完善产品和提高效率的创意,例如降低成本、提高产品或服务质量。

头脑风暴早已得到认可和广泛使用,在全面质量管理领域也证明了自己的价值,引起了人们的重视。有句谚语说得好:"真理是时间的女儿。"还有一句:"时间会验证真理。"但是,在管理方面,我的建议是,如果模型、技术或概念能够在时代的变迁中生存十年以上,它就值得我们认真关注!警惕"越新越真实"的错误想法。我们需要新鲜感(新的创意,或者表述旧理论的新方式)来激发自己的思维。但是,行动最好以真理为基础。总有一些功夫是白白浪费的，但头脑风暴经过了充分的检验和尝试。它也很容易开展，这是个不小的优势。它或许基于创造性思考者的一种习惯（保留意见），只不过优秀的头脑风暴小组也会用到其他习惯。

## ■ 头脑风暴的技巧

现在，头脑风暴已经成为任何获得创意的活动的代名词——正如"吸尘器"代表吸尘功能一样，并且出现了很多种变化形式和补充技术。但是，我建议你在研究头脑风暴的多种衍生方法之前，首先关注它最初的原理和相关技能。

下文的目标读者是头脑风暴会议的主持者。但是当然，即使你是团队成员，同样可以发挥自己的特长。

你可以向团队成员介绍本章的内容，在利用相关技能时予以辅助。有些在你看来不值一提的东西，对于整个团队或某个成员来说可能蕴藏着需求或机遇。

## ■ 正确地开展头脑风暴

头脑风暴真的有效吗？对于这种方法的客观评估相对较

少。根据一项研究，与不遵循头脑风暴规则、允许不加限制地批判创意的活动相比，头脑风暴小组产生的创意在数量和质量上都更高一些。另一位研究人员发现，这两个小组都产生了高质量创意：头脑风暴者提出的低质量创意更多一些。在这两项研究中，"质量"的定义都不包含原创性。

还有一项更重要的研究将开展头脑风暴的个人进行对比，得出结论：尽管小组产生的创意多于个人，但是多名个人单独产生的创意比他们集体产生的还要多。而且独自产生的创意质量更高，这表明"尽管有不评论、不批评的规则，但是独立的个人在思想上仍然比头脑风暴小组成员更加自由"。

这里存在一个问题，有多少创意才能帮助我们作出正确的选择？我们可以将头脑风暴小组比作一台计算机，它能计算出的走法远比国际象棋大师能想到的要多，但是无法像人类一样不经过大规模分析就能找出更可行的选择。

然而，关于头脑风暴研究的评估证据尚不确定。当然，我们可以认为头脑风暴激发了创意的自由流动，但是在此之后，团队的规模可能就不那么重要了。换句话说，集体开展的头脑风暴可能是鼓励个人发挥创意的好办法，而这些人以后或许会独立开展工作，也可能与其他一些人交流。

从后者来看，头脑风暴是在有创造力的人相互交流时的一种人为刺激。悉尼·布伦纳曾经提到，他与DNA的共同发现者之一弗朗西斯·克里克在一个房间住了20年。"我们每天至少有两个小时都在漫无目的地聊天。"

研究还表明，头脑风暴最能解决具体的开放性问题。考虑到这些标准，再加上保留意见的习惯，头脑风暴成为激发大量创意的最有效的手段。完善产品、设计新广告或想出新的品牌名称等工作都需要头脑风暴。但对于需要大量准备工作、深层思维活动和价值观指导体系的原创性工作，它的效果就会差得多。它的基本理念——"集体思维"可以代替个人创造力，是极其有害的。

因此，头脑风暴是一种有效的方法，可通过克服阻碍因素和交叉思维，摆脱固定规则或潜在假定来解放思想。它需要前期准备和规划，以及后期跟进和评估。

对于有具体的开放性问题的领域，你要有选择地使用它。它不能解决所有问题，但可以帮助你避开传统解决路径上的一些障碍。

请记住，无论团队觉得自己多么富有创造力，大家最终选择的方案必须奏效。头脑风暴和其他提高创造力的方法将帮助你实现突破，但最终你要利用思维的分析和评估功能。你在开始行动之前，一定要清楚地思考首选方案的优缺点，并作出良好的判断。

## ▉ 基本规则

头脑风暴的基础是让创意在团队间自由流动，但不能有人提出批评。这是由奥斯本提出的，自1939年以来没有太大的变化。

### 头脑风暴的四点规则

| 内　容 | 备　注 |
|---|---|
| 不要批判 | 根据规则，这一过程不允许批评，对创意的反对意见要保留到晚些时候再提，在此期间不要作出评价 |
| 随心所欲 | 头脑风暴倡导随心所欲。想法越大胆越好。人们往往趋于随大流，而不是独立思考。让你的思维流动起来 |
| 追求数量 | 数量是头脑风暴的目标。产生的创意数量越多，成功的概率就越大。例如，可以将目标定为每15—30分钟产生100个创意 |
| 组合与完善 | 头脑风暴还需要组合与完善。参与者不仅要贡献自己的想法，还要针对如何完善别人的想法，或者将两种想法合并为一种提出建议。可以搭上他人创意的顺风车 |

我在前面提到过，头脑风暴的一条规则是保留意见。它的基础是思维流程的有意识的转换。换句话说，你应该将评估

思维和创意思维分隔开，而不能同时开展批评和发挥想象力。

不要急于评判其他人的想法，任何时候都是这样。有位银行家大吼着将托马斯·爱迪生赶出了办公室："把这个玩具从我的办公室拿走！"所以爱迪生带着自己的发明（留声机）找到了别人。

我们可以将上面几点规则重新定义如下：

**不要批判**——这是头脑风暴最重要的规则，但也最难遵守。批判创意的后果是致命的。即使不评价或批判某个创意，也不代表认可了它的可行性。

**大胆想象**——为创意打造有利环境。每个人都可以标新立异，提出牵强的、草率的、愚蠢的、疯狂的、错误的、荒唐的想法。大胆想象的结果就是将团队思维向新的方向引领。

**全面思考**——或者尽可能产生多的想法，探索所有相关领域，无论是否可行，这样你可以培养一种习惯。不要满足于第一个想法。我们已经看到，在创意思维中，好主意往往是最好的主意的敌人。

**借鉴和转移**——主动借鉴别人的想法，或者转移到新的方向。通过交流，你可以探索到独自一人想不到的新方向。成功的头脑风暴在于倾听他人的想法，从而实现协同。

## ▓ 练习13：充分利用头脑风暴

1. 在组织内或自己负责的领域内找出20个适用于头脑风暴的问题。

2. 在这些问题中再挑选三个继续研究。

将上面的练习进一步拓展，将6—10个人组成一个小组进行实验。或许有人在这些问题上有直接经验或第一手知识，其他人则可以提供不同的视角。

当然，头脑风暴不一定是会议的唯一内容。你不需要为头脑风暴专门召开一次会议。头脑风暴技巧对于任何项目组都是有效的工具。作为项目负责人，如果团队其他寻找解决方法的路径行不通，或者你觉得团队找到的方案过于简单或普通，不妨试试头脑风暴。

## ▓ 主持头脑风暴会议

要成为高效的创新者，你要有主持头脑风暴会议的能力。优秀的领导力是创新思维团队成功的关键因素。正如奥斯本所说："失败往往是领导无能造成的。"请参考下方图表。

这些是一般准则。但是，如果你是团队带头人，可以用

自己的语言来表达，头脑风暴会议越随意越好。下面是一个
例子：

> 如果你同时从同一水龙头中接热水和冷水，则只会
> 得到温水。同样，如果你同时进行批评和创造，那么你
> 既得不到严格的批评，也得不到优秀的创意。因此，我
> 们不如只关注创意本身，在头脑风暴中杜绝一切批评。

一些无可救药的批评家可能仍然不把这些准则放在眼
里，甚至无视其他人的建议。我们要警惕这种错误的行为，
并坚决予以遏制。头脑风暴会议的精神要么成功，要么失
败。自我鼓励和相互鼓励都有必要。束缚想象力的批评只会
引发沮丧情绪。

## 主持头脑风暴会议

| | |
|---|---|
| **背景介绍** | 介绍会议目标，提出四点基本规则，写在白板上或者投影在屏幕上。指定一位记录员 |
| **热身环节** | 有必要的话，用一道习题帮助组员熟悉流程，例如让他们"提出某个物品的30种新用法，如砖头或曲别针" |
| **明确问题** | 既不能太具体，又不能太宽泛。如果与产品有关，将样品摆在会议桌上 |

（续表）

| | |
|---|---|
| **提供指导** | 给大家两分钟的时间思考并写下自己的想法。"我们有多少种方法……"鼓励每个人提出观点，找一个人将这些观点写在白板上。拒绝任何评论、批评或建议。提醒团队追求数量而不是质量——想法越多越好。可以提一些简短的问题明确对方的观点，但要避免冗长的讨论。讨论和问题都是不必要的。约束和限制讨论，保持想法的自由流动 |

　　如果会上没有人发言，让这种状态保持两分钟，然后再让组员提出观点。这个过程既能产生时间压力，也可以让个人的深层思维运转起来。

　　在头脑风暴会议上，很少有人没经历过"连锁反应"——思维经过充分热身后，一个人的思想火花会点燃所有人的头脑，就像放鞭炮一样。想法开始结合，一个人表达出来的想法会激发其他人的想象力，并产生联想，通常是在潜意识层面。

　　将想法说出来是头脑风暴中的重要一步，无论想法多么不成熟。正如17世纪诗人爱德华·杨（Edward Young）所写的："被禁锢的思想需要空气，于是冲了出来，就像大捆物体冲向天空。"

　　在让团队成员独立思考时，可以给每个人发一张8×14厘米的卡片，介绍一下基本规则和问题内容，让大家在5—10分钟内写下尽可能多的答案。在头脑风暴会议上可以将这些答案用于激发灵感。或者你也可以将卡片打乱，重新分发下去，让每个人在拿到的卡片上再写出四点想法。

你还可以通过某种形式的矩阵来拓展大家的思维。矩阵最左侧的一列是问题，最上面一行是关注领域，例如产品、服务或成本。下一页提供了一个示例，可作为参考。

在下面的矩阵示例中，你可以通过玩"强制关联"的游戏来引入另一个创意维度（习惯二：接受偶然事件的干扰），如下所示。假设你正在研究的产品是洗脸盆。让团队在某个地点徘徊十分钟，关注周围的物体，将它们与产品建立强制关联。例如，水仙花可能暗示了一种新的水龙头设计，或者墨水池暗示了可以插入牙刷的凹槽。

## 创意开发矩阵

| | 产品 A | 产品 B | 产品 C |
|---|---|---|---|
| 将它变大（变厚、变重、变强）会怎么样？ | | | |
| 将它的规格缩小（变薄、变轻、变短）会怎么样？ | | | |
| 加快制作或完成会怎么样？ | | | |
| 它有哪些其他功能（在不做任何更改的前提下）？ | | | |

值得强调的是，这种游戏的好处不仅在于使团队保持新鲜，你还可以调整每个人的深度思维。一旦得到激励，他们将看到明显不相关的事物之间的关联。

矩阵对于找到创意图上的空白之处特别有价值。例如，如果最左侧一列包含公司的能力，最上面一行写出实际或潜在市场，那么你有可能找出某项能力没得到发挥的市场区域。接下来，你可以针对该区域进行头脑风暴，思考"如果""怎么做""为什么不""何时""与谁合作"等问题。

在使用矩阵时要发挥创造力。例如，你可以制作"功能矩阵"，左侧一列是产品，最上一行是产品功能或客户。在表格内列出一些可行的想法，将这两部分内容"关联"在一起。

## ■ 必要的跟进

事实证明，头脑风暴活动时间不能超过40分钟，但是参会者要继续思考该问题并提出进一步的建议。新的想法与原来的成果合并在一起，团队领导负责将所有创意按照逻辑分类，交给最早提出问题的人。这个人负责处理所有意见，按照自己的想法进行组合、阐释或增减。

评估工作最好不让头脑风暴团队来做，找出与问题有直接关系的五个人，将他们组成一个小组。但是要让头脑风暴团队了解最新成果，否则下一次他们可能会拒绝参与。评估的步骤包括：

◎ 制定合适的标准

◎ 快速选出最好的创意

◎ 排除无效或不合适的创意

◎ 将类似的创意分成一组，每组选出最好的一个

◎ 根据前面制定的标准评判所有获选的创意

◎ 针对评估结果进行逆向头脑风暴（这个创意有多少种失败的可能性？）

■ **本章要点：头脑风暴的艺术**

● 获得创意与评估创意要分别进行，因为批评不利于创意。

● 头脑风暴的方法很有效，但需要优秀的领导。

● 头脑风暴的奥秘在于充分的准备。事先分析问题，了解它的各个方面，然后清楚地向团队介绍。确保会议物资（包括白板、笔、卡片、安静的会议室等）齐备。

◉ 头脑风暴结束后，按照可行性将所有创意分类，然后制定下一步流程。

◉ 别忘了向提出创意的团队或个人汇报最新进展。

---

白日梦是思想的安身之所。

——埃米尔（Amiel）

---

| 任务清单：头脑风暴的艺术 | | |
|---|---|---|
| 回答下列问题： | 是 | 否 |
| 你是否在必要的时候采用过头脑风暴？ | ☐ | ☐ |
| 如果头脑风暴没有效果，你是否会从自己的领导能力上找问题？ | ☐ | ☐ |
| 你是否考虑过让其他团队成员负责主持创意工作？ | ☐ | ☐ |
| 你是否采用过新的头脑风暴形式？ | ☐ | ☐ |
| 根据你的经验，头脑风暴会议是否有助于个人为部门或组织提出更多创意？请举例证明。 | ☐ | ☐ |
| 你是否将本领域内具体的开放性问题都列了出来？ | ☐ | ☐ |
| 所有团队负责人是否都有类似的问题清单？ | ☐ | ☐ |
| 你的组织能否充分利用项目团队或创意小组？ | ☐ | ☐ |

# 13

# 将好的创意投放市场

以前,家畜和家禽成群被赶去市场,现在变成了用卡车运送。所有农民都知道,如果不拿到市场上去卖,孵化那么多小鸡也没有意义。创意也是如此。创新必须以市场为导向,其成果也必须投放市场。

以此类推,你的组织中也要有一个活跃的内部创意市场。我要说明一下,我没有建议将内部市场的概念扩展到知识产权领域:一个部门向另一个部门兜售创意,组织内部发票激增,横向交易产生大量财务工作。但是你应该将组织比作一个市场,一个创意能够上市销售的地方。

所有市场都包括买方和卖方。不能把管理层和员工当作买方和卖方,这样又回到了传统的"我们"和"他们"的划分上。实际上,在真正的创新型组织中,每个人都是潜在的买家和卖家。作为管理者,你要把想法"卖给"员工、高管或者工会代表。同样,员工、工会负责人或首席执行官也会把你当作创意的"客户"。

萨利·霍兹沃斯（Sally Holdsworth）在一家国际出版公司担任图书编辑。在一次晚宴上，有位嘉宾提到自己正在写一本童书，主角是鼹鼠，由自己的女儿画插图。萨利翻了翻已经完成的14章，认为作者天赋非凡。

萨利在公司不负责童书，于是她首先与出版总监提起此事。总监非常重视，并承诺在下一次有关会议上提出来。会上，负责童书出版的国际部表示支持。财务部门针对插图成本提出了一些反对意见，但萨利和其他支持者坚持认为，原版水彩画是整个作品的一部分，必须涵盖进来。这套《鼹鼠河》（*Mole River*）出版后，销售了超过百万册，给公司带来了丰厚的利润。

注意，好的创意可以来自任何地方：或近在眼前，或远在天边。工商业组织必须从以下方面寻求创意：

◎ 研发部门

◎ 其他专业规划和研究部门

◎ 总监和高级经理

◎ 质量小组

◎ 竞争对手

◎ 供应商

◎ 客户

◎ 外部研究机构

◎ 政府机关


一般来说，"直接参与"某个产品或服务的人（假设他对自己的工作至少有一点兴趣）对于如何完善有自己的想法。这些往往是非常小的改动，但对于整个创新流程来说至关重要。如果领导层给予鼓励或愿意聆听，那么创意会逐渐积累起来。对于真正的创新型组织来说，如果它愿意把桶放入创意的井中再提上来，就会得到"成桶的创意"。

兴趣会带来创意。相反，管理层对创意的认可会让员工对自己的工作更有兴趣，并更加深入地参与其中。假使团队成员的意见没有得到接受，或者接受后无法被执行，这不会影响到他的积极性。激励一个人，就是让他有真正的参与感，对于提升产品或服务质量作出自己的贡献。这比某个建议是否能被接受更重要。

在外部市场的成功取决于内部创意市场的效率。整个创意流程可以通过下图的简单模型来呈现，其中包括创新型组织中存在的工作流程和关键要素。

本书主要与产生创意有关，也就是灯泡形图的上面一大部分。图表的下方——底部的三个环，代表创意转化为客户满意度之前的三个阶段：

鼓励创新的环境

有创造力的人

思考时间

新的创意

网
筛子
团队

市场接触

**成功的创新**

◎ **网**：网罗或采集创意

◎ **筛子**：进行筛选，在泥沙中淘金

◎ **团队**：修改或完善产品，将新的产品投放市场，需要兼具天赋、技能和知识

上面的模型体现出：组织要对有创造力的人予以鼓励，允许他们花时间进行创造性思考，这样才更有可能得到好的创意。当然，这需要领导层有长远的眼光，愿意培养和维持正确的氛围。

## ◾ 网：捕获创意

创意需要被捕获，就像从海里捕鱼一样。你的组织中有哪些捕获创意的网或网络？最重要的两个是会议和建议机制。

我知道很多人不喜欢开会。一家毫无创意的组织的管理者曾经对我说："在这里，一切都要提交至委员会，否则根本无法进行下去。"然而，如果有好的领导，会议可以成为收获创意的最佳方式。

## ◾ 练习14：评估会议效率

把你过去两星期参加的所有会议挨个写下来。哪些会议以获得新的创意为主题？哪些是处理原有的想法？

上一章关于头脑风暴的内容介绍了在会议期间获得更多创意的方法。你要用一张密实的网，将筛选工作留在后面进行。

除去拖网以外，大量捕鱼的另一种方法与单人钓竿稍有区别。在渔船后面拖一条至少1000米长的鱼线，每隔一段放上诱饵，一段时间后将鱼线收回。这种方法运用到公司上，就是一种有效的建议机制。

**建议机制**

1857 年，英国钱斯兄弟公司的工人提出了提高产量、节约原材料成本的方法，兄弟两人感到很惊喜，同时想到可以在公司安装一个木头盒子，方便工人提交创意。这种方法给公司和工人创造了极大的价值，这也是全球第一个建议机制的例子。

但是直到 20 世纪，建议机制才得到广泛采用。1913 年，英国西部大干线铁路公司采用了该方法，英国铁路公司延续了这个传统。举个例子，一位装配工提出，如果给液压千斤顶重新装上不锈钢内衬会节省很大一部分成本，公司奖励了他。还有一位员工建议重新设计卧铺车厢中乘务员包厢的行李架。但是在提供建议的积极性方面，没有人比得过在公司服务了 60 多年的一位老员工。在职期间，他总共提交了 30800 多条建议，被载入了吉尼斯世界纪录。

多年来，建议机制得到了一次次完善，也改过很多名字。大型组织有自己的机制，例如设立"创意中心"等。这些做法都是为了给创意打造一个新鲜且积极的形象，让它们在内部流动起来。但是初衷并未改变：鼓励个人提出与工作相关的新点子，为意见得到成功采纳的人提供奖励。建议机制依赖于成功的人为模式：

◎ 不排斥任何创意

◎ 每个人都可以提出自己的想法

◎ 我们愿意倾听所有想法

◎ 我们知道不是所有想法都有效

◎ 但每一个想法都值得鼓励

◎ 创意讨论会是一种有效的方法

这种模式对于很多小公司来说效果很好，它不需要任何专门的组织安排，只需要管理者提供鼓励、机会、聆听和奖励。但是与所有激励机制一样，建议机制在大型组织中也需要良好的管理。为了公平有效地开展大范围的建议机制，包括适当的内部营销、必要的文件和考核委员会制度，管理层要保证足够的时间和资源。即使建议机制非常简单也应如此。你如果想要引入或完善激励机制，就必须明确成本和收益，确保它符合组织战略。

对新的创意或建议快速作出回应也是很有必要的。知道结果总会让人产生动力。相反，如果你提出不错的创意后几个月都没收到反馈，这会极大地打击你的积极性。作出贡献的人必须尽快知道组织的决定是接受、否决还是继续等待。

组织如果否决了某个创意，有必要详细解释原因。可以给当事人写一封私信，或者召开一次短会。研究表明，如果组织明确地给出了否决的原因，并且令人信服，那么员工并不会感到沮丧。被拒绝的人需要安抚。

组织要想获得成功，就必须在内部推广成功的机制。特别活动、宣传、内部通讯、本地报纸或电台，加上生动而有效果的宣传材料，这些都是保证机制活跃、有序运转的必要因素。千万不要以为即使不做维护、调整和运营，建议机制也可以自行运转。

## ■ 筛：筛选创意

建议机制中的评估标准属于模型中的下一个阶段：筛选。有了筛子，你可以将麦粒与麦糠分离，也可以从泥沙中淘金。筛选是思维评估功能的实际运用。

创意需要在正确的时间得到严格评估。亨利·福特面对创意或建议时通常会思考三个问题：

◎ 是否存在需求？

◎ 它有没有实际效果？

◎ 它是商业性的吗？

工商业组织必须认真思考这些问题。但是我们看到，在创意过程中，不应过早地思考。有时候，创意的实际用途显现之前需要有很长的发展过程，但是在其生命周期的不同阶段，必须有人来检验它。好的创意经得起任何批判。

检验或批判其他人的创意，或者接受别人的检验或批判，这个过程往往并不愉快。对于接受者来说，他的信心可能受到打击。我们要学会巧妙地表达观点。

---

**可笑至极！**

EFFECTIVE INNOVATION

"以一大小恰与邮戳相等的纸片，背面涂以胶液，略蘸水后即可粘于信件背面。"邮票的发明者罗兰·希尔（Rowland Hill）说。当时的邮局局长听到后大怒："我听到或读到过很多疯狂和有远见的想法，但这个简直是最不切实际的！"

---

记住，你要寻找的是含金的矿或金沙，而不是完整的金杯或打磨好的金戒指。不要企图找到能立刻投放市场的创意。有些新的创意可能一文不值。"新想法与旧想法一样有好有坏。"罗斯福总统说。

筛选的过程更像是忙碌的交易大厅，买方和卖方都在认真交易。为了将自己的创意推销出去，你要传达清楚。但你也是市场上的买方。创意的内在价值是最重要的。作为买方的你要带上眼镜，认真审视每个创意，就像检查钻石一样，要观察它的颜色、大小以及是否有瑕疵。创意一经采用，你的组织可能要投入一大笔钱。

## ■ 团队：推销你的创意

"在现代商业世界，"广告大亨戴维·M. 奥格威（David M. Ogilvy）说，"除非你能将自己的创造成果推销出去，否则你再有创造力也没意义。管理层不会主动看到好的创意，除非有优秀的推销员将创意呈现在他们面前。"

换句话说，你需要说服其他人，你提出的建议是有效的。记住亨利·福特的三个问题：是否存在需求？它有没有实际效果？它是商业性的吗？货币是一种商业语言，你要通过它来证明（至少在中期）新的创意或创新成果有助于降低成本、增加利润或给公司带来其他合法收益。你要指出创意给"买方"带来的好处，无论是外部客户还是组织内部成员。

> **困难之处**
>
> 人们总会自然而然地反对他们自己没有想到的东西。
>
> ——巴恩斯·沃利斯

如果你有个好主意，一定要坚持不懈地推销它。桑德斯上校（Colonel Sanders）在50岁左右时被免去职务，当时他只有一项重要资产：当地美食的食谱。他打电话推销了1100次，每次都遭到拒绝。如果是你的话，是不是已经放弃了？但出于对这个创意的信念，桑德斯展现出了难得的毅力。终于有家公司接受了他的想法，"肯德基"就这样诞生了。

毅力对于企业家和内部企业家（组织内部的创新人员）同样重要。成功的销售在很大程度上取决于培养兴趣点。农民不愿意在坚硬、冰冻或贫瘠的土地上播种。你要为变革打好基础。除非你能让人们对现状感到不满，否则他们不会愿意接受变革。

## ■ 练习15：推销你的创意

在下面的表格中写出你想在组织中采用的创意，以及支持和反对因素：

| 创意： | |
|---|---|
| 反对因素 | 支持因素 |
| | |
| | |
| | |
| 写出削弱这些因素的几种方法 | 如何利用这些支持因素？ |

你不能指望其他人主动接受并拓展自己的创意。要准备好将它一路推向市场。

大型创新应该分阶段开展，让组织有意识地适应变革的环境。即使组织之前没能接受和应对变革，这也不能成为面对变革时感到恐慌的理由。花一些时间认真沟通开展变革、实验和审核的必要性。孔子说过："欲速则不达。"创新最好慢慢进行。主动引导变革，不要被动地让它牵着鼻子走。

## ■ 创新者的个人特质

◎ 目标清晰——哪怕一开始不清楚如何实现目标

◎ 能够制定具体目标，明确新项目的收益

◎ 能够清楚地介绍项目情况

◎ 获得上级领导以及同事和下属的支持——你需要建立一个同盟，让其中所有人感到自己参与了一个有价值的项目

◎ 有勇气承担一定的风险，直面困难和挫折

◎ 能够激励大家参与行动，确保每个人充分作出贡献，并参与必要的决策制定

◎ 有足够的影响力，能够获得支持和资源，从而完成任务

◎ 能够应对阻碍或反对因素，例如对细节的挑剔、拖延、缺乏热情、不同项目间对时间和资源的分配冲突等

◎ 愿意保持当前势头，特别是在团队已经深入参与进来，而大家最初的热情开始消退时

◎ 确保整个团队充分且平等地分享成果

## ■ 本章要点：将好的创意投放市场

● 创新不仅仅是有创意，还包括成功推销创意的过程，或者通过新的方式实现它。创意要变成有实际用途和商业价值的产品或服务。

◉ 成功的创新型组织有捕获创意的网，例如团队会议或建议机制。创意应当来自各个方面，包括竞争对手、客户、市场调研以及内部员工。

◉ 经过初步筛选或评估后，好的建议仍然要推销到内部创意市场。你不仅要成为自己创意的"卖方"，还要保持开放的思想，成为其他人创意的"买方"。

◉ 在大多数创新过程中，关键一步是成立项目团队、提供有效领导。内部企业家或"产品牵头人"（product champion）也会与团队一道发挥重要作用。

◉ 在克服变革的阻碍因素（包括所有组织中都存在的惯性）时，要记住三个方法：招募有经验的员工，开展试点项目或实验，在创新中实现增量发展。

◉ 如果没有好的领导，变革就无法及时开展。领导者既要有优秀的个人素质，包括变革热情，还要有专业技能，鼓励他人参与决策和变革管理。

> 人们会支持他们参与创造的东西。
>
> ——佚名

## ■ 小结

成功创新的最终成果包括：

- ◉ 团队成员获得激励
- ◉ 客户满意
- ◉ 利润增长

---

无所畏惧者不需要希望。

——英文谚语

---

| 任务清单：将好的创意投放市场 | | |
|---|:---:|:---:|
| 回答下列问题： | 是 | 否 |
| 你在组织中是否开辟了有效的内部创意市场？ | ☐ | ☐ |
| 团队是否在某些会议上花一些时间获取和筛选创意？ | ☐ | ☐ |
| 在过去一年中，你是否与团队有建设性和创造性地回顾过去的进展，并做未来规划？ | ☐ | ☐ |
| 你是否邀请过客户和供应商参与整个创新流程？ | ☐ | ☐ |

（续表）

| 任务清单：将好的创意投放市场 | | |
|---|---|---|
| **回答下列问题：** | **是** | **否** |
| 写出创新能力非常突出的一个团队或部门。它能取得成功有哪三个主要原因？<br><br>1. ＿＿＿＿＿＿＿＿＿＿＿＿＿＿＿＿＿＿＿＿<br><br>2. ＿＿＿＿＿＿＿＿＿＿＿＿＿＿＿＿＿＿＿＿<br><br>3. ＿＿＿＿＿＿＿＿＿＿＿＿＿＿＿＿＿＿＿＿ | | |
| 组织的建议机制是否高效、公平，且与鼓励员工提出创意的其他战略协调一致？ | ☐ | ☐ |
| 产品或服务上市后，它们与整个项目团队是否得到了应有的认可？ | ☐ | ☐ |
| 在你的组织中，优秀的创意是否因为表达不清楚而被错过？ | ☐ | ☐ |
| 除了创新，你还能想出其他能实现长期收益和增长的内部方法吗？ | ☐ | ☐ |

# 答
## 案 EFFECTIVE INNOVATION
----------------------------------------

### 第47页"六根火柴"答案

再次问问自己为什么解答不出来。你是否强行约束自己的思维，认为答案仅限于二维平面？打破维度限制，答案可能存在于三维空间里：

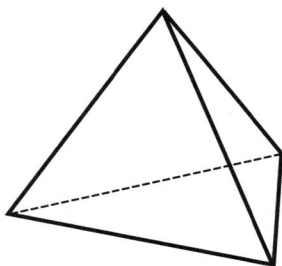

还有另一种解法：

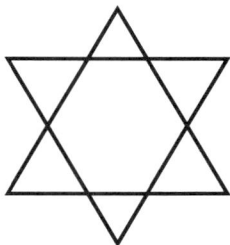

第二种解法是将火柴叠放在一起，与二维思考方法略有区别。

1924年，德国心理学家卡尔·敦克纳（Karl Dunckner）提出了这道题。

## 第57页小测验答案

1. 雕刻家
2. 旅行家
3. 音乐家
4. 入殓师
5. 记者
6. 兽医
7. 电视工程师

## 第63—67页习题答案

### 1. 谁养斑马？

挪威人喝水。

日本人养斑马。

具体分布如下：

| 大门颜色 | 黄色 | 蓝色 | 红色 | 白色 | 绿色 |
|---|---|---|---|---|---|
| 房主 | 挪威人 | 乌克兰人 | 英国人 | 西班牙人 | 日本人 |
| 宠物 | 狐狸 | 马 | 蜗牛 | 狗 | 斑马 |
| 饮品 | 水 | 茶 | 牛奶 | 橙汁 | 咖啡 |
| 冰激凌 | 香草 | 草莓 | 巧克力 | 蔓越莓 | 香蕉 |

### 2. 游泳池

虚线代表扩大一倍后的泳池：

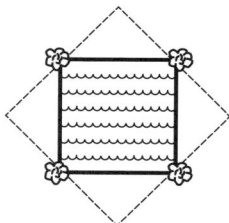

### 3. 到餐馆就餐

其中一个女人是祖母，她的两个女儿是另外四个女人的妈妈。所以一共有七个人。

### 4. 亲属

伦敦的医生是女性，她是曼彻斯特那位律师的妹妹，不是弟弟。

### 5. 瓶子里的硬币

将瓶塞推进瓶子里，然后将硬币倒出来。

### 6. 农民的选择

该农民可以将12个长的栏架组成一个六边形和其中的对角线，形成6个三角形，然后用短的栏架将每个三角形分成两部分，如图所示：

### 7. 越狱

哈里将挖出来的土堆起来，直达天窗。

### 8. 水杯

将中间的装满水的杯子拿起来，往中间的空杯子里倒一半水，再放回原位。这个练习可以考验你的思维灵活性，以及将选择分类（推、拉、提、滑动、倾倒）的能力。

### 9. 自行车与苍蝇

自行车的时速是10千米，所以两人将于一小时后在中点相遇。苍蝇的飞行速度是15千米每小时，所以一小时后它飞行了15千米。

很多人用复杂的方法来解这道题。他们首先计算苍蝇第一次与人相遇时飞行的距离，再计算掉头向回飞的距离，如此往复。这种方法叫作"无穷级数求和"，属于复杂的高等数学范畴。

### 10. 三条领带

布朗先生戴黑色领带；布莱克先生戴绿色领带；格林先生戴棕色领带。

布朗先生不会戴与自己名字一样的棕色领带，也不会戴绿色领带，因为与他说话的人戴着。所以布朗先生的领带一定是黑色的。还剩下绿色和棕色领带，分别对应布莱克先生和格林先生。

### 第100—101页小测验答案

1. 20世纪30年代，一位名叫卡沃尔廷（Carwardine）的英国年轻设计师来到赫伯特-特里公司，建议他们参考人的肘关节原理设计台灯。该公司采纳了他的意见，设计出一款万向灯。此后，这种台灯正式上市，只有个别细节和外观上做了修改。

2. 路面上的猫眼。

3. 喷火式战斗机。

4. 克拉伦斯·伯德耶（Clarence Birdseye）有一次在加拿大度假时发现，天然冰冻后解冻的三文鱼做熟后吃起来非常新鲜，于是借鉴了这个做法，创立了庞大的冷冻食品行业。

5. 独立式悬架的原理或许出自这里。

6. 蚯蚓的爬行姿势引导人们开发出新的采矿方法，现已用于工业生产。

7. 爱丁堡皇家植物园里面有一块纪念某种花的牌匾，为水晶宫的设计提供了灵感。

8. 考文垂大教堂设计师巴塞尔·斯宾塞翻阅自然历史杂志时看到了一张苍蝇眼部的放大图，让他想到了教堂穹顶的大致轮廓。

9. 直线电机。

10. 球窝接头。

11. 放大镜。

12. 拱门。因纽特人或许是最早在冰屋中设计拱门的人。

13. 空心钢管。

14. 杠杆。

15. 风笛。

16. 管乐器。

# 致
# 谢

EFFECTIVE INNOVATION
------------------------------------------

ACKNOWLEDGE

本书作者及出版商感谢以下作者提供作品引用许可：

吉福德·平肖（Gifford Pinchot），《内部企业家：为何能够留在公司内创业》（Harper & Row，1985）

爱德华·德·波诺（Edward de Bono），《水平思考法》（Jonathan Cape，1967）

罗伊·汤姆森（Roy Thomson），《在我60岁之后》（Hamish Hamilton，1975）

C. S. 福里斯特（C. S. Forester），《早在40岁之前》（Michael Joseph，1967）

卡尔·波普尔（Karl Popper），《无休止的探索》（Routledge，1992）

弗朗西斯·克里克（Francis Crick），《狂热的追求——科学发现之我见》（Penguin，1988）

G. 莱考夫（G. Lakoff）和M. 约翰逊（M. Johnson），

《我们赖以生存的隐喻》（University of Chicago Press，
1986）

　　吉尔伯特·赖尔（Gilbert Ryle），《论思考》
（Blackwell，1979）

　　诺曼·瑟尔维尔（Norman Thelwell），《架在我脖子
上的磨石》（Methuen，1983）

　　唐纳德·T. 菲利浦斯（Donald T. Phillips），《林肯论
领导力》（Warner Books，1992）

　　查尔斯·汉迪（Charles Handy），《非理性时代》
（Century Hutchinson，1989）

　　哈泽尔·罗索蒂（Hazel Rossotti），《化学世界导游》
（Penguin，1972）

　　詹姆斯·米契纳（James Michener），《太空》（Secker
& Warburg，1982）


　　我们努力找到每一位著作权持有人，如有疏漏，本书出
版商将第一时间作出必要的调整。